INTRODUÇÃO À LINGUÍSTICA TEXTUAL

Trajetória e grandes temas

Conselho Acadêmico
Ataliba Teixeira de Castilho
Carlos Eduardo Lins da Silva
José Luiz Fiorin
Magda Soares
Pedro Paulo Funari
Rosângela Doin de Almeida
Tania Regina de Luca

Proibida a reprodução total ou parcial em qualquer mídia
sem a autorização escrita da editora.
Os infratores estão sujeitos às penas da lei.

A Editora não é responsável pelo conteúdo deste livro.
A Autora conhece os fatos narrados, pelos quais é responsável,
assim como se responsabiliza pelos juízos emitidos.

Consulte nosso catálogo completo e últimos lançamentos em **www.editoracontexto.com.br**.

INTRODUÇÃO À LINGUÍSTICA TEXTUAL
Trajetória e grandes temas

INGEDORE VILLAÇA KOCH

Copyright © 2015 da Autora

Todos os direitos desta edição reservados à
Editora Contexto (Editora Pinsky Ltda.)

Montagem de capa e diagramação
Gustavo S. Vilas Boas

Preparação de textos
Mayara Cristina Zucheli

Revisão
Fernanda Guerriero Antunes

Dados Internacionais de Catalogação na Publicação (CIP)
(Câmara Brasileira do Livro, SP, Brasil)

Koch, Ingedore Villaça
Introdução à linguística textual : trajetória e grandes temas /
Ingedore Villaça Koch. – 2. ed., 7ª reimpressão. – São Paulo :
Contexto, 2024.

Bibliografia.
ISBN 978-85-7244-881-9

1. Análise do discurso 2. Análise de textos 3. Linguística
4. Textos I. Título.

14-10046 CDD-415

Índice para catálogo sistemático:
1. Linguística textual 415

2024

EDITORA CONTEXTO
Diretor editorial: *Jaime Pinsky*

Rua Dr. José Elias, 520 – Alto da Lapa
05083-030 – São Paulo – SP
PABX: (11) 3832 5838
contato@editoracontexto.com.br
www.editoracontexto.com.br

A meus filhos: Anamaria e Nelson,
Paulo Fernando e Sueli
A meus netos: Mariana, Marcelo e Luiz Paulo
A meu irmão, Eurico
A meus sobrinhos: Vera Elena, Luís Carlos e
Cristina, Eduardo e Valéria, Renata, Ricardo
A minha irmã espiritual, Alice
Ao Ides, meu companheiro de jornada

SUMÁRIO

Introdução	11
Parte I: Trajetória da Linguística Textual	17
Análises interfrásticas e gramáticas de texto	19
As gramáticas de texto	21
A perspectiva semântica	24
A virada pragmática	27
A virada cognitivista	34
A perspectiva sociocognitivo-interacionista	41
Princípios de construção textual do sentido	45
Coesão textual	45
A coesão sequencial	49
Coerência	49
Situacionalidade	49
Informatividade	50
Intertextualidade	51
Intencionalidade	51
Aceitabilidade	51

Questionamentos	52
Fatores de contextualização	52
Consistência e revelância	53
Focalização	53
Conhecimento compartilhado	53
Evolução dos conceitos de coesão e coerência	54

Parte II: Principais objetos de estudo: o estado da arte — 57

Referenciação — 59

Referência e referenciação — 61

Referenciação: construção e reconstrução de objetos de discurso — 66

Formas de introdução (ativação) de referentes no modelo textual — 70

Reconstrução ou manutenção no modelo textual – A progressão referencial — 72

Funções cognitivo-discursivas das expressões nominais referenciais — 75

Ativação/reativação na memória — 75

Encapsulamento (sumarização) e rotulação — 75

Organização macroestrutural — 76

Atualização de conhecimentos por meio de glosas realizadas pelo uso de um hiperônimo — 77

Especificação por meio da sequência hiperônimo/hipônimo	79
Construção de paráfrases definicionais e didáticas	79
Introdução de informações novas	80
Orientação argumentativa	81
Categorização metaenunciativa de um ato de enunciação	82
Formas de articulação textual	84
Uso de termos pertencentes a um mesmo campo lexical	86
Encadeamentos de enunciados	87
Encadeamento por justaposição	87
Encadeamento por conexão	90
A progressão temática	94
Progressão tópica	99
Estratégias textual-discursivas de construção do sentido	103
Estratégias formulativas	103
Inserções	106
Repetições e parafraseamentos retóricos	110
Deslocamentos de constituintes	114
Estratégias metadiscursivas	118
Estratégias metaformulativas	120
Estratégias modalizadoras	123
Estratégias metaenunciativas	125

As marcas de articulação na progressão textual 127

Articuladores de conteúdo proposicional 128

Articuladores discursivo-argumentativos 129

Organizadores textuais 131

Marcadores discursivos continuadores,
que operam o "amarramento"
de porções textuais 132

Articuladores metadiscursivos 133

Modalizadores 133

Articuladores metaformulativos 137

Articuladores metaenunciativos 140

A intertextualidade 143

Intertextualidade 143

Polifonia x intertextualidade 150

Os gêneros do discurso 152

Introdução 152

Conceituação 153

A Escola de Genebra
e o ensino/aprendizagem dos gêneros 156

Conclusão: O futuro da Linguística Textual 159

Bibliografia 165

INTRODUÇÃO

Não deixa de ser um truísmo afirmar que a Linguística Textual é o ramo da Linguística que toma o texto como objeto de estudo. No entanto, todo o seu desenvolvimento vem girando em torno das diferentes concepções de texto que a Linguística tem abrigado durante seu percurso, o que acarretou diferenças bastante significativas entre uma e outra etapas de sua evolução.

E, quanto a esse ramo da Ciência Linguística, poderíamos também nos perguntar, como o fazem Antos e Tietz (1997), se, nos seus quarenta anos de existência (hoje quase sessenta), a Linguística Textual desempenhou apenas um papel de "hóspede" da Linguística, talvez um modismo como tantos outros, ou, então, se ela se tornou uma ciência integrativa de várias outras ciências (Retórica, Estilística, Teoria dos Gêneros, Teoria da Argumentação, Narratologia etc.), vindo a constituir uma "Ciência ou Teoria da Linguagem" (Van Dijk, 1978); ou, ainda, se ela é parte integrante do domínio estabelecido da Linguística, quem sabe até do seu núcleo central. E, se assim fosse, quais os prognósticos que se poderiam fazer quanto ao seu futuro. Ou será que se poderia dizer que todas essas perguntas por vezes se colocam apenas porque a Linguística Textual entrou numa fase de consolidação de tal forma espetacular que questões sobre a justificação de sua existência estariam tão fora de propósito quanto, por exemplo, a respeito da pertinência da Semântica, da Fonologia ou da Sintaxe? Questões como estas deverão ser esclarecidas ao longo desta obra.

CONCEPÇÕES DE TEXTO

Entre as várias concepções de texto que fundamentaram os estudos em Linguística Textual, poderíamos destacar as seguintes, ressaltando, contudo, que elas se imbricam em determinados momentos:

1) texto como frase complexa ou signo linguístico mais alto na hierarquia do sistema linguístico (concepção de base gramatical);
2) texto como signo complexo (concepção de base semiótica);
3) texto como expansão tematicamente centrada de macroestruturas (concepção de base semântica);
4) texto como ato de fala complexo (concepção de base pragmática);
5) texto como discurso "congelado", como produto acabado de uma ação discursiva (concepção de base discursiva);
6) texto como meio específico de realização da comunicação verbal (concepção de base comunicativa);
7) texto como *processo* que mobiliza operações e processos cognitivos (concepção de base cognitivista);
8) texto como *lugar de interação* entre atores sociais e de construção interacional de sentidos (concepção de base sociocognitiva-interacional).

Na verdade, o que se pode verificar é que, na época do surgimento da Linguística Textual, na segunda metade da década de 1960, bem como na primeira metade da década de 1970, em função do conceito de texto então majoritário, a maioria dos estudiosos estava debruçada sobre a análise transfrástica e/ou a construção de gramáticas do texto, de modo que o objeto privilegiado de estudo era a coesão, ou seja, a propriedade de *cohere* (*hang together*), muitas vezes equiparada à coerência (*coherence*), já que ambas eram vistas como qualidades ou propriedades do texto.

Uma das tônicas da década de 1980 foi justamente a ampliação significativa do conceito de coerência, quando, adotando-se uma perspectiva pragmático-enunciativa, passou-se a postular que a coerência não constitui mera propriedade ou qualidade do texto em si, mas que é um fenômeno muito mais amplo, visto que ela se constrói, em dada situação de interação, entre o texto e seus usuários, em função da atuação de uma complexa rede de fatores, de ordem linguística, cognitiva, sociocultural e interacional. Na Europa, vieram a público diversas coletâneas sobre o tema (Charolles, Petöfi & Sözer, 1983; Neubauer, 1983; Petöfi, 1986; Sözer, 1985; Conte, Petöfi & Sözer, 1989, entre várias outras), além de artigos e obras individuais. Também no Brasil, as pesquisas sobre coesão e coerência textuais tiveram grande desenvolvimento, frutificando em uma série de obras sobre o assunto. Podem-se mencionar, entre muitos outros, os trabalhos de Marcuschi (1983), Koch (1987, 1989, 1992); Fávero & Koch (1983), Koch & Travaglia (1989, 1990); Fávero (1991) e Bastos (1985). Além disso, a par da coesão e da coerência, outros fatores de textualidade passaram a ser objeto das pesquisas sobre o texto, tais como informatividade, situacionalidade, intertextualidade, intencionalidade, aceitabilidade (cf. Beaugrande & Dressler, 1981), contextualização, focalização, consistência e relevância.

É nessa década que desponta com maior vigor o interesse pelo processamento cognitivo do texto, perspectiva que, especialmente a partir dos estudos de Van Dijk e Kintsch (1983, particularmente), vai ganhando cada vez mais terreno e passa a dominar a cena no início da década de 1990, agora, porém, com forte tendência sociocognitivista.

Desde esse momento, com o desenvolvimento cada vez maior das investigações na área de cognição, as questões relativas ao processamento do texto, em termos de produção e compreensão, as formas de representação do conhecimento na memória, a ativação de tais sistemas de conhecimento por ocasião do processamento, as estratégias sociocognitivas e interacionais nele envolvidas, entre muitas outras, passam a ocupar o centro dos interesses de diversos estudiosos do campo. A título de exemplo, podem-se destacar as obras de Heinemann & Viehweger (1991), Koch & Oesterreicher (1990), Nussbaumer (1991), Adam (1990 e 1993), Van Dijk (1994, 1995, 1997), entre várias outras. No Brasil, pode-se citar uma série de trabalhos desenvolvidos por Marcuschi e por Koch (Marcuschi & Koch, 1998; Koch & Marcuschi, 1998; Marcuschi, 1998, 1999; Koch, 1997, 1998, 1999) e por Cavalcante (2000, 2001), para citar apenas alguns.

Assim, a partir da década de 1990, além da ênfase dada aos processos de organização global dos textos, assumem importância particular as questões de ordem sociocognitiva, que englobam temas como referenciação, inferenciação, acessamento ao conhecimento prévio etc.; e, a par destas, o tratamento da oralidade e da relação oralidade/escrita, bem como o estudo dos gêneros textuais, este agora conduzido sob outras luzes – isto é, a partir da perspectiva bakhtiniana, voltando, assim, a questão dos gêneros a ocupar lugar de destaque nas pesquisas sobre o texto e revelando-se um terreno extremamente promissor.

A questão da referenciação textual, por exemplo, vem sendo objeto de pesquisa de um grupo de autores franco-suíços, entre os quais se podem destacar Apothéloz, Kleiber, Charolles, Berrendonner, Reichler-Béguelin, Chanêt, Mondada e D. Dubois. Esses autores têm dedicado especial interesse a questões como a construção dos "objetos de discurso"; a anáfora associativa, sua conceituação e sua abrangência; as operações de nominalização e suas funções, entre várias outras com elas de alguma forma relacionadas. O principal pressuposto dessas pesquisas é o da *referenciação como atividade discursiva*, como é postulado também em Marcuschi & Koch (1998); Koch & Marcuschi (1998); Marcuschi (1998); Koch (1998). Desta forma, de conformidade com Mondada & Dubois (1995) e Apothéloz & Reichler-Béguelin (1995), passa-se a postular que a referência é sobretudo um problema que diz respeito às operações efetuadas pelos sujeitos à medida que o discurso se desenvolve; e que o discurso *constrói* os "objetos" a que faz remissão ("objetos de discurso"), ao mesmo tempo que é tributário dessa construção.

O estudo do texto falado, que envolve também questões de ordem sociocognitiva e interacional, ganha, nesse momento, uma projeção cada vez maior e toma rumos diferentes dos da Análise da Conversação, como se pode verificar na obra de Koch & Oesterreicher (1990) e em inúmeros projetos voltados para a descrição da modalidade oral da língua, tanto na Europa como na América. É o caso, no Brasil, do Projeto de Gramática do Português Falado, idealizado por Ataliba Teixeira de Castilho, que tem como uma de suas vertentes o estudo da organização textual-interativa no português falado no Brasil, esta coordenada por Koch. E o caso, também, do Projeto Nurc/SP, coordenado por Dino Preti, e do Núcleo de Estudos Linguísticos sobre Fala e Escrita – Nelfe, da UFPE, coordenado por Luiz Antônio Marcuschi.

Quanto à questão dos gêneros acima mencionada, cabe ressaltar a revisitação que vem sendo feita à obra de Bakhtin (1953), na qual o autor apresenta a sua conceituação de gêneros do discurso. Além da importante obra de Swales (1990), na Inglaterra, e de autores da Escola Norte-Americana, como Bathia, Miller, Freedman, Coe e Bazerman, bem como, na França, as de Jean-Michel Adam (1990, 1993), destacam-se, nesse domínio, os trabalhos da equipe da Faculdade de Psicologia e Ciências da Educação da Universidade de Genebra, conduzidos por Bernard Schneuwly, Joachim Dolz, Jean-Paul Bronckart e Pasquier, que procedem a essa releitura com finalidades didáticas, isto é, do ponto de vista de suas aplicações pedagógicas.

Verifica-se, pois, que a Linguística Textual percorreu um longo caminho até chegar ao momento atual. Aqueles que não acompanharam a sua trajetória estão longe de poder avaliar o que hoje essa disciplina vem se propondo como objeto de investigação e a contribuição que seu estudo vem dando em prol de um melhor conhecimento de como se realiza a produção textual do sentido.

Ingedore Villaça Koch

PARTE I

TRAJETÓRIA DA LINGUÍSTICA TEXTUAL

ANÁLISES INTERFRÁSTICAS E GRAMÁTICAS DE TEXTO

Na sua fase inicial, que vai, aproximadamente, desde a segunda metade da década de 1960 até meados da década de 1970, a Linguística Textual teve por preocupação básica, primeiramente, o estudo dos mecanismos interfrásticos que são parte do sistema gramatical da língua, cujo uso garantiria a duas ou mais sequências o estatuto de texto. Entre os fenômenos a serem explicados, contavam-se a correferência, a pronominalização, a seleção do artigo (definido/indefinido), a ordem das palavras, a relação tema/tópico – rema/ comentário, a concordância dos tempos verbais, as relações entre enunciados não ligados por conectores explícitos, diversos fenômenos de ordem prosódica, entre outros. Os estudos seguiam orientações bastante heterogêneas, de cunho ora estruturalista ou gerativista, ora funcionalista.

O texto era então concebido como uma "frase complexa", "signo linguístico primário" (Hartmann, 1968), "cadeia de pronominalizações ininterruptas" (Harweg, 1968), "sequência coerente de enunciados" (Isenberg, 1971), "cadeia de pressuposições" (Bellert, 1970).

No estudo das relações que se estabelecem entre enunciados, deu-se primazia às relações referenciais, particularmente à correferência, considerada um dos principais fatores da coesão textual. E, ao caso, por exemplo, de Harweg (1968), segundo o qual são os pronomes que vão constituir uma sequência de frases em texto. O termo pronome é aqui tomado numa acepção bem ampla, ou seja, toda e qualquer expressão linguística que retoma, na qualidade de *substituens*, outra expressão linguística correferencial (*substituendum*). O texto é resultado, portanto, de um "múltiplo referenciamento", daí a definição de texto como uma sucessão de unidades linguísticas constituída mediante uma *concatenação pronominal ininterrupta*.

Assim, nesse momento, o estudo das relações referenciais limitava-se, em geral, aos processos correferenciais (anafóricos e catafóricos), operantes entre dois ou mais elementos textuais – a que Halliday & Hasan (1976) chamavam de pressuponente e pressuposto. Pouco se mencionavam, ainda, os fenômenos remissivos não correferenciais, as anáforas associativas e indiretas, a dêixis textual e outros que hoje constituem alguns dos principais objetos de estudo da Linguística Textual. Contudo, autores alemães, como Isenberg (1968) e Vater (1979), já faziam referência às anáforas de tipo associativo, em exemplos como:

(1) Ontem houve um casamento. A *noiva* usava um longo vestido branco. (Isenberg, 1968)

(2) Pedro me molhou todo. A *água* me escorria pelo corpo abaixo. (Isenberg, 1968)

(3) Era um belo povoado. A *igreja* ficava numa colina. (Vater, 1979)

Pouco se levava em conta, também, a possibilidade de retomada anafórica de porções textuais de maior ou menor extensão, como acontece com muita frequência quando do uso de demonstrativos, geralmente neutros (isto, isso, aquilo, o), conforme os exemplos:

(4) Naquele dia, ele recebeu um telegrama, comunicando-lhe a volta da noiva, que se achava no exterior. *Isso* renovou-lhe o ânimo abatido.

(5) Após a longa discussão que teve com a mulher, Jorge saiu de casa para espairecer. Ao voltar, encontrou-a caída no chão do banheiro, ao lado de um vidro de sedativos. Devia tê-*lo* adivinhado, não era a primeira vez que *isto* acontecia!

Como, na construção de um texto, o movimento de retroação, de retomada, é necessariamente acompanhado de outro, o de progressão, muitos autores debruçaram-se sobre os tipos de relação (encadeamentos) que se estabelecem entre enunciados, especialmente quando não assinaladas por conectores, bem como a articulação tema-rema (na perspectiva da Escola Funcionalista de Praga), a seleção dos artigos em enunciados contíguos, e assim por diante. Não é de admirar, portanto, que as pesquisas se concentrassem prioritariamente no estudo dos recursos de coesão textual (a propriedade de *cohere, hang together*), a qual, para eles, de certa forma, englobava o da coerência, nesse momento entendida como mera propriedade ou característica do texto.

AS GRAMÁTICAS DE TEXTO

Ainda nessa primeira fase da Linguística Textual, a partir da ideia de que o texto seria simplesmente a unidade linguística mais alta, superior a sentença, surgiu, particularmente (mas não só) entre os linguistas de formação gerativista, a preocupação de construir gramáticas textuais, por analogia com as gramáticas da frase. Isto é, trata-se de descrever categorias e regras de combinação da entidade T (texto) em L (determinada língua). As tarefas básicas de uma gramática do texto seriam as seguintes:

a) verificar o que faz com que um texto seja um texto, ou seja, determinar seus princípios de constituição, os fatores responsáveis pela sua coerência, as condições em que se manifesta a textualidade;
b) levantar critérios para a delimitação de textos, já que a completude é uma de suas características essenciais;
c) diferenciar as várias espécies de textos.

Passou-se a postular a existência de uma competência textual à semelhança da competência linguística chomskyana, visto que todo falante de uma língua tem a capacidade de distinguir um texto coerente de um aglomerado incoerente de enunciados, competência que é também especificamente linguística, em sentido amplo: qualquer falante é capaz de parafrasear, de resumir um texto, de perceber se está completo ou incompleto, de atribuir-lhe um título, ou de produzir um texto a partir de um título dado.

Abandonava-se, assim, o método ascendente – da frase para o texto. E, a partir da unidade hierarquicamente mais alta – o texto –, pretende-se chegar, por meio da segmentação, às unidades menores, para, então, classificá-las. Contudo, tem-se claro que a segmentação e a classificação só poderão ser realizadas, desde que não se perca a função textual dos elementos individuais, tendo em vista que o texto não pode ser definido simplesmente como uma sequência de cadeias significativas. O texto é considerado o signo linguístico primário, atribuindo-se aos seus componentes o estatuto de signos parciais (Hartmann, 1968).

Dentro desta perspectiva, portanto, o texto, visto como a unidade linguística hierarquicamente mais elevada, constitui uma entidade do sistema linguístico, cujas estruturas possíveis em cada língua devem ser determinadas pelas regras de uma gramática textual. Exemplos destas gramáticas são as postuladas por Weinrich (1964, 1971, 1976), Petöfi (1973) e Van Dijk (1972).

Harald Weinrich, estruturalista, teve sempre em mira a construção de uma gramática textual. Em seus trabalhos preconiza a construção de uma *macrossintaxe do discurso*, com base no tratamento textual de categorias gramaticais, como, por exemplo, os artigos, os tempos verbais, certos advérbios, aos quais dedicou grande parte de seus estudos (1964, 1969, 1976). Postula como método heurístico o da "partitura textual", que consiste em unir a análise por tipo de palavras e a estrutura sintática do texto num só modelo, como se se tratasse de "uma partitura musical a duas vozes". Como estruturalista, define o texto como uma sequência linear de lexemas, e morfemas que se condicionam reciprocamente e que, também reciprocamente, constituem o contexto. Isto é, o texto é uma "estrutura determinativa", onde tudo está necessariamente interligado. Assim sendo, para ele, toda linguística é necessariamente linguística de texto.

Em 1982, após longos anos de pesquisa, veio à luz sua *Gramática textual da língua francesa* (*Textgrammatik der französischen Sprache*), e, em 1993, a *Gramática textual da língua alemã* (*Textgrammatik der Deutschen Sprache*), nas quais o autor concretiza a ideia acalentada havia tantos anos de elaborar gramáticas textuais. Cabe lembrar que seus estudos sobre os tempos verbais tiveram grande aceitação e são, até hoje, de grande valia para a compreensão do funcionamento dos textos (cf. Koch, 1984, 1989, 1992).

O modelo de Janos Petöfi consta de uma base textual, que consiste em uma representação semântica indeterminada com respeito às manifestações lineares do texto, as quais são determinadas pela parte transformacional. Segundo ele, este modelo torna possível: a) a análise de textos, isto é, a atribuição a uma manifestação linear, de todas as bases textuais possíveis; b) a síntese de textos, ou seja, a geração de todas as bases textuais possíveis; c) a comparação de textos. De suma relevância no modelo é o léxico, com suas representações semânticas intensionais. Para Petöfi, contudo, a gramática textual deveria constituir apenas um dos componentes de sua teoria do texto, que previa também um componente contextual, formado por um subcomponente semântico-extensional, responsável pela interpretação semântica, e um subcomponente pragmático, relativo às questões de produção/recepção de textos. Essa teoria, desenvolvida a partir de 1973 e a que denomina TeSWeST (TextstrukturWeltstrukur), ou seja, da Estrutura do Texto/Estrutura do Mundo, está centrada na relação entre a estrutura de um texto e as interpretações extensionais (em termos de mundos possíveis) do mundo (ou complexo de mundos) que é textualizada em um texto.

Teun van Dijk (1972), que, tendo sido um dos pioneiros da Linguística Textual, tem uma trajetória extremamente rica dentro dos estudos do texto/discurso, conforme veremos mais adiante, dedicou-se, também, nesse período, à construção de gramáticas textuais, levantando a favor destas os argumentos seguintes:

1) Cabe à teoria linguística em geral e às gramáticas textuais em particular dar conta da estrutura linguística de enunciados completos, isto é, também de enunciados constituídos de sequências de frases.

2) Existem propriedades gramaticais além do limite das sentenças, por exemplo, as relações semânticas entre elas.

3) O estudo do texto/discurso permite chegar a generalizações sobre as propriedades de períodos compostos e de sequências de frases.

4) Certas propriedades linguísticas fazem parte de unidades suprassentenciais, como, por exemplo, fragmentos de texto, parágrafos, sequências, bem como a macroestrutura textual.

5) O relacionamento entre gramática e pragmática pressupõe uma descrição gramatical tanto de sequências de frases, como de propriedades do discurso como um todo, para dar conta de fenômenos como a relação entre atos de fala e macroatos de fala.

6) Uma gramática textual fornece uma base mais adequada para um relacionamento mais sistemático com outras teorias que se ocupam do discurso, como a estilística, a retórica, a poética, entre outras.

7) Uma gramática de texto oferece melhor base linguística para a elaboração de modelos cognitivos do desenvolvimento, produção e compreensão da linguagem.

8) Uma gramática textual fornece melhor base para o estudo do texto e da conversação em contextos sociais interacionais e institucionais, bem como para o estudo dos tipos de discurso e usos da linguagem entre culturas.

Seu modelo de gramática textual apresenta três características principais:

1) insere-se no quadro teórico gerativo;
2) utiliza em grande escala o instrumental teórico e metodológico da lógica formal;
3) busca integrar a gramática do enunciado na gramática do texto, sustentando, porém, que não basta estender a gramática da frase ("extended S-grammar"), como faziam muitos autores da época, mas que uma gramática textual tem por tarefa principal especificar as estruturas profundas a que denomina macroestruturas textuais.

Para ele, é a macroestrutura profunda que explicita a coerência do texto, sua estrutura temático-semântica global. Trata-se da estrutura subjacente abstrata ou "forma lógica" do texto, que define a significação do texto como um todo. Já a microestrutura é a estrutura superficial do texto, constituída por um n-tuplo ordenado de frases subsequentes. Uma gramática textual gerativa seria, portanto, um algoritmo que gera infinitas estruturas textuais profundas.

A PERSPECTIVA SEMÂNTICA

Além de Van Dijk, Petöfi e quase todos os estudiosos que se dedicaram à construção de gramáticas textuais – às quais não poderia faltar um componente semântico, representado, em geral, nas gramáticas por eles propostas, pelas macroestruturas profundas –, também outros estudiosos da época deram às suas pesquisas uma orientação semântica, como foi o caso de Dressler 1970 (1972), Brinker (1973), Rieser (1973, 1978) e Viehweger (1976, 1977), entre outros. Assim, são diversos os autores que tratam de fenômenos semânticos, como as cadeias isotópicas, as relações semânticas entre enunciados do texto não ligados por conectores etc., e/ou definem o texto como sequência coerente de enunciados (Isenberg, 1970), cadeia de pressuposições (Bellert, 1970). Todavia, a coerência de que falam, embora comece a diferenciar-se da coesão, é ainda apenas a coerência sintático-semântica. Charolles (1978), por exemplo, apresenta quatro condições ou macrorregras de coerência textual, a saber:

1) repetição – para que um texto possa ser considerado coerente, ele deve conter, em seu desenvolvimento linear, elementos de recorrência estrita;
2) progressão – para ser coerente, deve haver no texto uma contribuição semântica permanentemente renovada, pelo contínuo acréscimo de novos conteúdos;
3) não contradição – para que um texto seja coerente, é preciso que, no seu desenvolvimento, não se introduza nenhum elemento semântico que contradiga um conteúdo posto ou pressuposto por uma ocorrência anterior, ou dedutível dela por inferência;
4) relação – um texto será coerente se todos os seus enunciados – e os fatos que denotam no mundo nele representado – estiverem, de alguma forma, relacionados entre si.

Posteriormente, Charolles (1979) propõe o acréscimo da metarregra de macroestrutura, tomada de empréstimo a Van Dijk.

Dressler (1970, 1972), por sua vez, considera arbitrário estabelecer limites rígidos entre sintaxe e semântica e postula que a semântica é que deve constituir o ponto de partida. À semântica do texto cabe explicar a representação da estrutura do significado de um texto ou de um segmento deste, particularmente as relações de sentido que vão além do significado das frases tomadas isoladamente.

Em seu modelo de geração de textos, dedica atenção especial ao tema do texto, que, segundo ele, está em relação com o significado global – a base T-semântica –, mediante um desenvolvimento temático e uma coesão semântica. Essa base, conforme o autor, contém elementos do campo nominal – papéis (*roles*) e personagens da ação (*dramatis personae*) –, para cuja descrição recorre aos casos semânticos profundos, tal como formulados por Fillmore (1968), bem como elementos do campo verbal, como modo, tempo e aspecto, retomando, para tanto, a distinção feita por Weinrich entre "mundo comentado" e "mundo narrado" (cf. Koch, 1984, 1989, 1992).

Também Brinker (1973), Rieser (1973, 1978) e Viehweger (1976, 1977) postulavam que na superfície textual apenas poderia ser encontrada parte do sentido de um texto, mas nunca a totalidade de suas informações semânticas, já que para isto é indispensável reportar-se à sua estrutura semântica de base; ou seja, que as estruturas de superfície constituem formas de atualização derivadas de estruturas semânticas profundas. Baseados nessa convicção, esses autores afirmam que os articuladores de natureza sintática funcionam apenas como marcas suplementares, facultativas, que atuam como facilitadoras da compreensão para o interlocutor. Em suas análises recorrem ora à lógica formal, ora à gramática de valências ou à semântica de predicados.

A VIRADA PRAGMÁTICA

Não tardou, porém, que os linguistas de texto sentissem a necessidade de ir além da abordagem sintático-semântica, visto ser o texto a unidade básica de comunicação/interação humana. A princípio timidamente, mas logo a seguir com maior vigor, a adoção da perspectiva pragmática vai-se impondo e conquistando proeminência nas pesquisas sobre o texto: surgem as teorias de base comunicativa, nas quais ora apenas se procurava integrar sistematicamente fatores contextuais na descrição dos textos (Isenberg, 1976; Dressler, 1974, Petöfi, 1972, 1973), ora a pragmática era tomada como ponto de partida e de chegada para tal descrição (Motsch, 1975; Gülich & Raible, 1977; Schmidt, 1978). Deste modo, Heinemann & Viehweger (1991), ao fazerem uma retrospectiva da Linguística Textual, distinguem entre modelos contextuais e modelos comunicativos, mencionando, entre estes últimos, aqueles baseados na Teoria dos Atos de Fala e os que tomam por pressuposto a Teoria da Atividade Verbal. Comum a estes modelos é a busca de conexões determinadas por regras, entre textos e seu contexto comunicativo-situacional, mas tendo sempre o texto como ponto de partida dessa representação.

Com isso, a pesquisa em Linguística Textual ganha uma nova dimensão: já não se trata de pesquisar a língua como sistema autônomo, mas, sim, o seu funcionamento nos processos comunicativos de uma sociedade concreta. Passam a interessar os "textos-em-funções" (Schmidt, 1973; Gülich & Raible, 1977). Isto é, os textos deixam de ser vistos como produtos acabados, que devem ser analisados sintática ou semanticamente, passando a ser considerados elementos constitutivos de uma atividade complexa, como instrumentos de realização de intenções comunicativas e sociais do falante (Heinemann, 1982).

Assim, na metade da década de 1970, passa a ser desenvolvido um modelo de base que compreendia a língua como uma forma específica de comunicação social, da atividade verbal humana, interconectada com outras atividades (não linguísticas) do ser humano. Os impulsos decisivos para esta nova orientação vieram da Psicologia da Linguagem – especialmente da Psicologia da Atividade de origem soviética, e da Filosofia da Linguagem, em particular da Filosofia da Linguagem Ordinária da Escola de Oxford, que desenvolveu a Teoria dos Atos de Fala. Caberia, então, à Linguística Textual a tarefa de provar que os pressupostos e o instrumental metodológico dessas teorias eram transferíveis ao estudo dos textos e de sua produção/recepção, ou seja, que se poderia atribuir também aos textos a qualidade de formas de ação verbal.

Tal problemática foi tematizada por numerosos autores, entre os quais Wunderlich (1976), Schmidt (1973), Motsch (1983), Motsch & Pasch (1987), Van Dijk (1980).

Wunderlich, autor que pertence também à primeira geração de linguistas alemães preocupados com estudos textuais, foi um dos principais responsáveis pela incorporação da pragmática às pesquisas sobre o texto, tendo tratado, em suas obras, de uma série de questões de ordem enunciativa, entre elas a dêixis, particularmente a dêixis espacial, os atos de fala e a interação face a face de modo geral (cf., por exemplo, Wunderlich, 1970, 1976, 1985). Foi um dos autores mais referendados na área, em especial na década de 1970. Como adepto da Teoria da Atividade Verbal, Wunderlich (1978) escreve:

> O objetivo da teoria da atividade é extrair os traços comuns das ações, planos de ação e estágios das ações, e pô-los em relação com traços comuns dos sistemas de normas, conhecimentos e valores. A análise do conceito de atividade (o que é atividade/ação) está estreitamente ligada à análise do conhecimento social sobre as ações ou atividades (o que, se considera uma ação). A teoria da atividade é, portanto, em parte uma disciplina de orientação das ciências sociais, em parte, também, filosófica e de metodologia da Ciência. A relação com a linguística está em que o fundamento pragmático da teoria da linguagem deve enlaçar-se com a teoria da atividade e que, por sua vez, a análise linguística pode contribuir de alguma forma para o desenvolvimento da atividade. (p. 30)

Também no interior dessa perspectiva, Isenberg (1976) apresenta um método que permite descrever a geração, interpretação e análise de textos, desde a estrutura pré-linguística da intenção comunicativa até a sua manifestação superficial. Ressalta a importância do aspecto pragmático como determinante do sintático e do semântico: o plano geral do texto determina as funções comunicativas que nele vão aparecer e estas, por sua vez, determinam as estruturas superficiais. A relação existente entre os elementos do texto deve-se à intenção do falante, ao plano textual previamente estabelecido, que se manifesta por meio de instruções ao interlocutor para que realize operações cognitivas destinadas a compreender o texto em sua integridade, isto é, o seu conteúdo e o seu plano global; ou seja, o ouvinte não se limita a "entender" o texto, no sentido de "captar" apenas o seu conteúdo referencial, mas necessita, isto sim, reconstruir os propósitos comunicativos que tinha o falante ao estruturá-lo, isto é, descobrir o "para quê" do texto.

Schmidt (1973), que propõe uma teoria sociologicamente ampliada da comunicação linguística, define o texto como todo componente verbalmente enunciado de um ato de comunicação pertinente a um "jogo de atuação comunicativa", caracterizado por uma orientação temática e cumprindo uma função comunicativa identificável, isto é, realizando um potencial ilocutório determinado. E, somente na medida em que o locutor realiza intencionalmente uma função ilocutória (sociocomunicativa) identificável por parte dos parceiros envolvidos na comunicação, o conjunto de enunciados linguísticos vem a constituir um processo textual coerente, de funcionamento sociocomunicativo eficaz e normalizado, conforme as regras constitutivas (uma manifestação da textualidade). Para ele, a textualidade é o modo de toda e qualquer comunicação transmitida por sinais, inclusive os linguísticos.

Nos casos em que o texto é composto por vários conjuntos de enunciados que realizam potenciais ilocutórios distintos, de tal forma que sua associação hierárquica dê origem a um sistema coerente, isto é, ao conjunto global que se aplica o termo texto (cf. o conceito de macroato de fala, de Van Dijk, 1980).

O autor defende a posição de que, na medida em que cabe a uma teoria de texto abordar a produção e recepção de textos que funcionam comunicativamente, ela terá de ser forçosamente pragmática, pois, de outra forma, não teria condições de existir. A esta teoria cabe, especificamente, a investigação dos meios e das regras implicadas na produção e recepção de *textos-em-função*; e o encaminhamento de um projeto para um modelo de comunicação linguística, que se apresentaria como sistema coordenado de hipóteses relativas ao "jogo de atuação comunicativa" e suas potencialidades estruturais (Schmidt, 1973).

Também filiado à teoria da atividade verbal, Schmidt (1973) afirma:

> A linguagem não é considerada primariamente um sistema de signos, denotativo, mas um sistema de atividades ou de operações, cuja estrutura consiste em realizar, com a ajuda de um número aberto de variáveis e um repertório fechado de regras, determinadas operações ordenadas, a fim de conseguir dado objetivo, que é informação, comunicação, estabelecimento de contato, automanifestação, expressão e (per)formação da atividade (p. 9).

Motsch (1986) defende a hipótese de que, se os objetivos da ação podem ser atingidos com a ajuda da enunciação de expressões verbais, então é necessário que se possam relacionar as ações a propriedades do texto, ou seja, que elas possam ser representadas nos enunciados do texto. Para tanto, é decisivo o pressuposto de que deveria ser possível reconstruir, a partir de **e** (enunciado), a intenção (**int.**) do falante. Segundo o autor, serviriam de pistas, em primeiro lugar, os modos verbais, mas também os verbos, os advérbios e as partículas modais.

O contexto de uso de tais indicadores depende, basicamente, de fatores da situação: "Uma situação comunicativa deverá ser tanto mais explicitamente expressa por meios verbais, quanto mais ambígua ela for e quanto mais controlada deva ser a reação do interlocutor" (p. 262).

Motsch & Pasch (1987) concebem, também, o texto como uma sequência hierarquicamente organizada de atividades realizadas pelos interlocutores. Segundo eles, os componentes da atividade linguística podem ser reunidos na fórmula:

$$Al + (e, int., cond., cons.)$$

em que *e* representa a enunciação, *int.*, a intenção do enunciador de atingir determinado objetivo, *cond.*, as condições para que este seja alcançado, e *cons.*, as consequências resultantes do atingimento do objetivo. Ou seja, a enunciação é sempre movida por uma intenção de atingir determinado objetivo ilocucional. Para que este seja alcançado, faz-se necessário assegurar ao enunciatário as condições essenciais para que reconheça a intenção e realize o objetivo visado. Para tanto, o enunciador realiza atividades linguístico-cognitivas com o intuito de garantir a compreensão e estimular, facilitar ou causar a aceitação. Da parte do enunciatário, é preciso que ele compreenda o objetivo fundamental do enunciador, o que depende da formulação adequada da enunciação, para que se decida a aceitar (ou não) colaborar na realização de seu objetivo e mostrar a reação desejada.

Heinemann & Viehweger (1991), em sua *Introdução linguística do texto*, asseveram que os pressupostos gerais que regem esta perspectiva podem ser assim resumidos:

1) Usar uma língua significa realizar ações. A ação verbal constitui uma atividade social, efetuada por indivíduos sociais, com o fim de realizar tarefas comunicativas, ligadas com a troca de representações, metas e interesses. Ela é parte de processos mais amplos de ação, pelos quais é determinada.

2) A ação verbal é sempre orientada para os parceiros da comunicação, portanto é também ação social, determinada por regras sociais.

3) A ação verbal realiza-se na forma de produção e recepção de textos. Os textos são, portanto, resultantes de ações verbais/ complexos de ações verbais/estruturas ilocucionais, que estão intimamente ligadas com a estrutura proposicional dos enunciados.

4) A ação verbal consciente e finalisticamente orientada origina-se de um plano/estratégia de ação. Para realizar seu objetivo, o falante utiliza-se da possibilidade de operar escolhas entre os diversos meios verbais disponíveis. A partir da meta final a ser atingida, o falante estabelece objetivos parciais, bem como suas respectivas ações parciais. Estabelece-se, pois, uma hierarquia entre os atos de fala de um texto, dos mais gerais aos mais particulares. Ao interlocutor cabe, no momento da compreensão, reconstruir essa hierarquia.

5) Os textos deixam de ser examinados como estruturas acabadas (produtos), mas passam a ser considerados no *processo* de sua constituição, verbalização e tratamento pelos parceiros da comunicação.

Cabe registrar aqui que Van Dijk, especialmente no início da década de 1980, é um dos grandes responsáveis pela "virada pragmática". Em sua obra *Studies in the Pragmatics of Discourse* (1981), escreve:

> o planejamento pragmático de um discurso/conversação requer a atualização mental de um conceito de ato de fala global. E com respeito a esse macroato de fala que ele constrói o propósito da interação: que X quer saber ou fazer algo. Se dissermos de maneira bastante vaga, embora familiar nas ciências sociais, que a ação humana é finalisticamente orientada, estaremos significando que sequências de ações, que (...) são realizadas sob o controle efetivo de uma macrointenção ou plano, encaixado numa macrofinalidade, para um ou mais atos globais. Enquanto tal macroproposição é a representação das consequências desejadas de uma ação (...), a macrointenção ou plano é a representação conceitual do estado final, isto é, do resultado da macroação. Sem um macropropósito e uma macrointenção, seríamos incapazes de decidir qual ato de fala concreto poderia propiciar um estado a partir do qual o resultado pretendido e a meta intencionada poderiam ser alcançados.

Na obra em tela, bem como em trabalhos posteriores, Van Dijk estuda o que denomina "relações funcionais no discurso", isto é, as relações entre enunciados a que geralmente se têm denominado pragmáticas ou discursivo-argumentativas. É ele, ainda, um dos pioneiros da introdução de questões de ordem cognitiva no estudo da produção, da compreensão e do funcionamento dos textos.

O autor passa a postular, ao lado da macroestrutura semântica do texto, responsável pela sua coerência semântica, uma macroestrutura pragmática, responsável pela coerência pragmática. Trata-se de um *macroato de fala*, ao qual se subordinariam, hierarquicamente, todos os atos de fala realizados por subpartes ou enunciados do texto, sendo um construto fundamental para o seu processamento. Para ele, a compreensão de um texto obedece a regras de interpretação pragmática, de modo que a coerência não se estabelece sem que se leve em conta a interação, bem como as crenças, os desejos, as preferências, as normas e os valores dos interlocutores.

Com todos esses desenvolvimentos, o conceito de coerência passa a incorporar, ao lado dos fatores sintático-semânticos, uma série de fatores de ordem pragmática e contextual.

É esse o momento em que Charolles (1983) opera uma guinada importante no seu conceito de coerência textual, passando a considerá-la um "princípio de interpretabilidade do discurso", o que o leva a postular que não existem sequências de enunciados incoerentes em si, visto que, numa interação, é sempre possível construir um contexto em que uma sequência aparentemente incoerente passe a fazer sentido.

Prepara-se, assim, o momento seguinte, em que as obras de Beaugrande & Dressler e de Van Dijk vão desempenhar papel de vital importância.

A VIRADA COGNITIVISTA

Na década de 1980, delineia-se uma nova orientação nos estudos do texto, a partir da tomada de consciência de que todo fazer (ação) é necessariamente acompanhado de processos de ordem cognitiva, de que quem age precisa dispor de modelos mentais de operações e tipos de operação. Com a tônica nas operações de ordem cognitiva, o texto passa a ser considerado resultado de processos mentais: é a abordagem procedural, segundo a qual os parceiros da comunicação possuem saberes acumulados quanto aos diversos tipos de atividade da vida social e têm conhecimentos representados na memória que necessitam ser ativados para que sua atividade seja coroada de sucesso. Assim, eles já trazem para a situação comunicativa determinadas expectativas e ativam dados conhecimentos e experiências quando da motivação e do estabelecimento de metas, em todas as fases preparatórias da construção textual não apenas na tentativa de traduzir seu projeto em signos verbais (comparando entre si diversas possibilidades de concretização dos objetivos e selecionando aquelas que, na sua opinião, são as mais adequadas), mas certamente também por ocasião da atividade da compreensão de textos.

Desse ponto de vista, conforme Beaugrande & Dressier (1981) – cuja obra, como já enfatizamos, constitui um dos marcos iniciais desse período –, o texto é originado por uma multiplicidade de operações cognitivas interligadas, "um documento de procedimentos de decisão, seleção e combinação" (p. 37), de modo que caberia à Linguística Textual desenvolver modelos procedurais de descrição textual capazes de dar conta dos processos cognitivos que permitem a integração dos diversos sistemas de conhecimento dos parceiros da comunicação, na descrição e na descoberta de procedimentos para sua atualização e tratamento no quadro das motivações e estratégias da produção e compreensão de textos.

Heinemann & Viehweger (1991) postulam que, para o processamento textual, concorrem quatro grandes sistemas de conhecimento: o linguístico, o enciclopédico, o interacional e o referente a modelos textuais globais.

O conhecimento linguístico compreende os conhecimentos gramatical e lexical, sendo, assim, o responsável pela articulação som-sentido. É ele que responde, por exemplo, pela organização do material linguístico na superfície textual pelo uso dos meios coesivos que a língua nos põe à disposição para efetuar a remissão ou a sequenciação textual, pela seleção lexical adequada ao tema e/ou aos modelos cognitivos ativados.

O conhecimento enciclopédico, semântico ou conhecimento de mundo é aquele que se encontra armazenado na memória de cada indivíduo, quer se trate de conhecimento do tipo declarativo, constituído por proposições a respeito dos fatos do mundo ("O Brasil é uma república federativa; a água é incolor, insípida e inodora"), quer do tipo episódico, constituído por "modelos cognitivos" socioculturalmente determinados e adquiridos através da experiência.

Admite-se, portanto, a existência de modelos cognitivos, que são originários ora da Inteligência Artificial, ora da Psicologia da Cognição e recebem, na literatura, denominações diversas, como *frames* (Minsky, 1975), *scripts* (Schank & Abelson, 1977), *cenários* (Sanford & Garrod, 1985), *esquemas* (Rumelhart, 1980), *modelos mentais* (Johnson-Laird, 1983), *modelos episódicos ou de situação* (Van Dijk, 1988, 1989) etc., caracterizados como estruturas complexas de conhecimentos, que representam as experiências que vivenciamos em sociedade e que servem de base aos processos conceituais. São frequentemente representados em forma de redes, nas quais as unidades conceituais são concebidas como variáveis ou *slots*, que denotam características estereotípicas e que, durante os processos de compreensão, são preenchidas com valores concretos (*fillers*).

Desta forma, os modelos constituem conjuntos de conhecimentos socioculturalmente determinados e vivencialmente adquiridos, que contêm tanto conhecimentos sobre cenas, situações e eventos, como conhecimentos *procedurais* sobre como agir em situações particulares e realizar atividades específicas. São, inicialmente, particulares (já que resultam das experiências do dia a dia), determinados espaçotemporalmente e, por isso, estocados na memória episódica.

Após uma série de experiências do mesmo tipo, tais modelos vão se tornando generalizados, com abstração das circunstâncias particulares específicas (Van Dijk, 1989) e, quando similares aos dos demais membros de um grupo, passam a fazer parte da memória enciclopédica ou semântica.

Assim, segundo Van Dijk, por ocasião do processamento da informação, selecionam-se os modelos com a ajuda dos quais o atual estado de coisas pode ser interpretado. As unidades não explícitas no texto são inferidas do respectivo modelo. Na falta de informação explícita em contrário, utiliza-se como preenchedor (*filler*) a informação estereotípica (*standard*).

É com base em tais modelos, por exemplo, que se levantam hipóteses, a partir de uma manchete ou título; que se criam expectativas sobre o(s) campo(s) lexical(ais) a ser(em) explorado(s) no texto; que se produzem as inferências que permitem suprir as lacunas ou incompletudes encontradas na superfície textual.

O conhecimento sociointeracional, por seu turno, é o conhecimento sobre as ações verbais, isto é, sobre as formas de *inter-ação* através da linguagem. Engloba os conhecimentos do tipo ilocucional, comunicacional, metacomunicativo e superestrutural.

É o conhecimento ilocucional que permite reconhecer os objetivos ou propósitos que um falante, em dada situação de interação, pretende atingir. Trata-se de conhecimentos sobre *tipos de objetivos* (ou *tipos de atos de fala*), que costumam ser verbalizados por meio de enunciações características, embora seja também frequente a sua realização por vias indiretas, o que exige dos interlocutores o conhecimento necessário para a captação do objetivo ilocucional.

O conhecimento comunicacional é aquele que diz respeito, por exemplo, a normas comunicativas gerais, como as máximas descritas por Grice (1975); a quantidade de informação necessária numa situação concreta para que o parceiro seja capaz de reconstruir o objetivo do produtor do texto; a seleção da variante linguística adequada a cada situação de interação e a adequação dos tipos de texto às situações comunicativas.

O conhecimento metacomunicativo permite ao produtor do texto evitar perturbações previsíveis na comunicação ou sanar (*on-line* ou a *posteriori*) conflitos efetivamente ocorridos por meio da introdução no texto de sinais de articulação ou apoios textuais, e pela realização de atividades específicas de formulação textual, com paráfrases, repetições, correções, glosas etc. Trata-se do conhecimento sobre os vários tipos de ação linguística que, de certa forma, permitem ao locutor assegurar a compreensão do texto e conseguir a aceitação, pelo parceiro, dos objetivos com que é produzido, monitorando com elas o fluxo verbal (cf. Motsch & Pasch, 1987).

O conhecimento sobre estruturas ou modelos textuais globais é aquele que permite aos falantes reconhecer textos como exemplares de determinado gênero ou tipo. Envolve, também, conhecimentos sobre as macrocategorias ou unidades globais que distinguem os vários tipos de texto, sobre a sua ordenação ou sequenciação (superestruturas textuais), bem como sobre a conexão entre objetivos, bases textuais e estruturas textuais globais. Segundo Heinemann & Viehweger (1991), seriam ainda precárias, na época da publicação de sua obra, as respostas à questão de saber quais conhecimentos específicos estariam aí incluídos. Contudo, parece possível apontar algumas aproximações, por exemplo, com os modelos cognitivos contextuais, de Van Dijk (1994/1997), os "tipos de atividades", sugeridos por Levinson (1979), e outros, que, evidentemente, variam conforme a perspectiva dos diversos estudiosos. Parece-me, contudo, que a aproximação mais produtiva poderia ser feita com a noção de gênero, que hoje volta a ocupar posição central nos estudos sobre texto/discurso.

Heinemann & Viehweger (1991) salientam, como vimos, que a cada um desses sistemas de conhecimento corresponde um conhecimento específico sobre como colocá-lo em prática, ou seja, um conhecimento de tipo procedural, isto é, dos procedimentos ou rotinas por meio dos quais esses sistemas de conhecimento são ativados quando do processamento textual. Esse conhecimento funcionaria como uma espécie de "sistema de controle" dos demais sistemas, no sentido de adaptá-los ou adequá-los às necessidades dos interlocutores no momento da interação.

Tal conhecimento engloba, entre outros, o saber sobre as práticas peculiares ao meio sociocultural em que vivem os interactantes, bem como o domínio das estratégias de interação, como preservação das faces, representação positiva do *self*, polidez, negociação, atribuição de causas a mal-entendidos ou fracassos na comunicação, entre outras. Concretiza-se através de estratégias de processamento textual.

O processamento textual é, portanto, estratégico. As estratégias de processamento textual implicam a mobilização on-line dos diversos sistemas de conhecimento. Para efeito de exposição, tais estratégias podem ser divididas em cognitivas, sociointeracionais e textualizadoras.

Van Dijk & Kintsch (1983) defendem que o processamento cognitivo de um texto consiste de diferentes estratégias processuais, entendendo-se estratégia como "uma instrução global para cada escolha a ser feita no curso da ação" (p. 65). Tais estratégias consistem em hipóteses operacionais eficazes sobre a estrutura e o significado de um fragmento de texto ou de um texto inteiro. Falar em processamento estratégico significa dizer que os usuários da língua realizam simultaneamente, em vários níveis, passos interpretativos finalisticamente orientados, efetivos, eficientes, flexíveis, tentativos e extremamente rápidos; fazem pequenos cortes no material *entrante* (*incoming*), podendo utilizar somente informação ainda incompleta para chegar a uma (hipótese de) interpretação. Em outras palavras, a informação é processada on-line.

Assim, o processamento estratégico depende não só de características textuais, como também de características dos usuários da língua, tais como seus objetivos, convicções e conhecimento de mundo, quer se trate de conhecimento de tipo episódico, quer do conhecimento mais geral e abstrato, representado na memória semântica ou enciclopédica. Isto é, as estratégias cognitivas são *estratégias de uso* do conhecimento. É o que Dascal (1982) denomina Psicopragmática. E esse uso, em cada situação, depende dos objetivos do usuário, da quantidade de conhecimento disponível a partir do texto e do contexto, bem como de suas crenças, opiniões e atitudes, o que permite, no momento da compreensão, reconstruir não somente o sentido intencionado pelo produtor do texto, mas também outros sentidos, não previstos ou mesmo não desejados pelo produtor. Van Dijk & Kintsch (1983) citam, como principais estratégias de processamento cognitivo, as estratégias proposicionais, as de coerência local, as macroestratégias e as estratégias esquemáticas ou superestruturais, além das estilísticas, retóricas, não verbais e conversacionais.

Pode-se dizer que as estratégias cognitivas, em sentido restrito, são aquelas que consistem na execução de algum "cálculo mental" por parte dos interlocutores. Exemplo prototípico são as inferências, que, como já foi dito, permitem gerar informação semântica nova, a partir daquela dada, em certo contexto. Sendo a informação dos diversos níveis apenas em parte explicitada no texto, ficando a maior parte implícita, as inferências constituem estratégias cognitivas por meio das quais o ouvinte ou leitor, partindo da informação veiculada pelo texto e levando em conta o contexto (em sentido amplo), constrói novas representações mentais e/ou estabelece uma ponte entre segmentos textuais, ou entre informação explícita e informação não explicitada no texto. Afirmam Beaugrande & Dressler (1981) que a inferenciação ocorre a cada vez que se mobiliza conhecimento próprio para construir um mundo textual.

Todo e qualquer processo de compreensão pressupõe atividades do ouvinte/leitor, de modo que se caracteriza como um processo ativo e contínuo de construção – e não apenas de reconstrução –, no qual as unidades de sentido ativadas, a partir do texto, conectam-se a elementos suplementares de conhecimento extraídos de um modelo global também ativado em sua memória. Por ocasião da produção, o locutor já prevê essas inferências, na medida em que deixa implícitas certas partes do texto, pressupondo que tais lacunas venham a ser preenchidas sem dificuldades pelo interlocutor com base em seus conhecimentos prévios. Por esta razão, dependendo desses conhecimentos e do contexto, diferentes interlocutores poderão construir interpretações diferentes do mesmo texto. Os textos só se tornam coerentes para o leitor/ouvinte por meio de inferenciação.

Estratégias interacionais são estratégias socioculturalmente determinadas que visam estabelecer, manter e levar a bom termo uma interação verbal. Entre elas, podem-se mencionar, além daquelas relacionadas à realização dos diversos tipos de ato de fala, as estratégias de preservação das faces (*facework*) e/ou de representação positiva do *self*, que envolvem o uso das *formas de atenuação*, bem como as estratégias de polidez, de negociação, de atribuição de causas aos mal-entendidos, entre outras.

A estratégia de *preservação das faces* manifesta-se linguisticamente através de atos preparatórios, eufemismos, rodeios, mudanças de tópico e dos marcadores de atenuação em geral. O *grau de polidez* é socialmente determinado, em geral com base nos papéis sociais desempenhados pelos participantes, na necessidade de resguardar a própria face ou a do parceiro, ou, ainda, condicionado por normas culturais.

Como se sabe, conflitos, mal-entendidos, situações que desencadeiam incompreensão mútua são inevitáveis no intercâmbio linguístico. Para restabelecer o consenso (*commonality*), torna-se preciso, então, que as dificuldades sejam devidamente identificadas e atribuídas a possíveis causas subjacentes ao conflito. Como consequência da atribuição (adequada ou inadequada) de causas às dificuldades, os acordos subjacentes necessitam ser, muitas vezes, modificados, ou, então, novos acordos devem ser estabelecidos para prevenir futuros problemas do mesmo tipo. Além disso, toda interação envolve a negociação de uma definição da própria situação e das normas que a governam. Na verdade, todos os aspectos da situação relativos aos participantes estão sujeitos a negociação. Pode-se, assim, falar de uma construção social da realidade, já que, sendo a realidade social e constituída no processo contínuo de interpretação e interação, os seus vários aspectos podem ser considerados e (re)negociados de forma explícita ou implícita.

As estratégias interacionais visam, pois, levar a bom termo um "jogo de linguagem". As estratégias textuais, por seu turno – que obviamente não deixam de ser também interacionais e cognitivas –, em sentido lato dizem respeito às escolhas textuais que os interlocutores realizam, desempenhando diferentes funções e tendo em vista a produção de determinados sentidos. Delas falaremos em outro capítulo.

Com a virada cognitiva, a Linguística Textual entra em uma nova fase, que vai levar a uma nova concepção de texto, o que possibilitará importantes desenvolvimentos posteriores.

A obra de Beaugrande & Dressler (1981), como já enfatizamos, constitui também um dos marcos dessa mudança de rumo. Nela, os autores procuram conceituar o que seja *textualidade*, definida, então, como "o que faz com que um texto seja um texto", com base no exame do que denominam *critérios de textualidade*. O próximo capítulo será dedicado ao exame de cada um desses critérios ou *princípios*, como prefere chamá-los Beaugrande em trabalhos mais recentes (cf., por exemplo, Beaugrande, 1997), acrescidos de outros que vêm sendo postulados pelos estudiosos da área e que preferimos denominar *princípios de construção textual do sentido*.

A PERSPECTIVA SOCIOCOGNITIVO-INTERACIONISTA

Não tardou que a separação entre exterioridade e interioridade presente nas ciências cognitivas clássicas se visse questionada, principalmente pela separação que opera entre fenômenos mentais e sociais.

As ciências cognitivas clássicas vêm trabalhando com uma diferença bem nítida e estanque entre os processos cognitivos que acontecem dentro da mente dos indivíduos e os processos que acontecem fora dela. Para o cognitivismo interessa explicar como os conhecimentos que um indivíduo possui estão estruturados em sua mente e como eles são acionados para resolver problemas postos pelo ambiente. O ambiente seria, assim, apenas um meio a ser analisado e representado internamente, ou seja, uma fonte de informações para a mente individual.

Desta maneira, a cultura e a vida social seriam parte deste ambiente e exigiriam a representação, na memória, de conhecimentos especificamente culturais. Entender a relação entre cognição e cultura seria, portanto, entender que conhecimentos os indivíduos devem ter para agir adequadamente dentro da sua cultura. Segundo essa visão, a cultura é um conjunto de dados a serem apreendidos, um conjunto de noções e procedimentos a serem armazenados individualmente. É fácil ver que, partindo desse ponto de vista, a cultura é subsidiária e dependente do conjunto de mentes que a compõem, ou seja, um fenômeno em geral passivo, sobre o qual as mentes atuam.

A concepção de mente desvinculada do corpo, característica do cognitivismo clássico, que predominou por muito tempo nas ciências cognitivas e, por decorrência, na linguística, começa a cair como um todo quando várias áreas das ciências, como a neurobiologia, a antropologia e também a própria linguística, dedicam-se a investigar com mais vigor esta relação e constatam que muitos dos nossos processos cognitivos têm por base mesma a percepção e a capacidade de atuação física no mundo. Uma visão que incorpore aspectos sociais, culturais e interacionais, a compreensão do processamento cognitivo baseia-se no fato de que existem muitos processos cognitivos que acontecem na sociedade, e não exclusivamente nos indivíduos. Essa visão, efetivamente, tem-se mostrado necessária para explicar tanto fenômenos cognitivos quanto culturais.

Mente e corpo não são duas entidades estanques. Muitos autores vêm defendendo a posição de que a mente é um fenômeno essencialmente corporificado (*embodied*), que os aspectos motores e perceptuais e as formas de raciocínio abstrato são todos de natureza semelhante e profundamente inter-relacionados. Para autores como Varela, Thompson e Rosch (1992), nossa cognição é o resultado das nossas ações e das nossas capacidades sensório-motoras. Esses autores enfatizam a *enação*, ou seja, emergência e desenvolvimento dos conceitos nas atividades nas quais os organismos se engajam, como a forma pela qual eles fazem sentido do mundo que os rodeia.

Portanto, tais operações não se dão apenas na cabeça dos indivíduos, mas são o resultado da interação de várias ações conjuntas por eles praticadas. As rotinas computacionais que acontecem socialmente são muito comuns e envolvem várias tarefas diárias (pensemos, por exemplo, na necessidade de computar conjuntamente quando se trata de tarefas como preparar com alguém uma receita culinária, ou o que acontece num restaurante para que o prato possa chegar à mesa dos fregueses). Essas tarefas constituem rotinas desenvolvidas culturalmente e organizam as atividades mentais internas dos indivíduos, que adotam estratégias para dar conta das tarefas de acordo com as demandas socialmente impostas (cf. Koch & Lima, 2004).

Isto quer dizer que muito da cognição acontece fora das mentes, e não somente dentro delas: a cognição é um fenômeno *situado*. Ou seja, não é simples traçar o ponto exato em que a cognição está dentro ou fora das mentes, pois o que existe aí é uma inter-relação complexa. Voltar-se exclusivamente para dentro da mente à procura da explicação para os comportamentos inteligentes e para as estratégias de construção do conhecimento pode levar a sérios equívocos.

Desta forma, na base da atividade linguística está a interação e o compartilhar de conhecimentos e de atenção: os eventos linguísticos não são a reunião de vários atos individuais e independentes. São, ao contrário, uma atividade que se faz *com* os outros, conjuntamente. No dizer de Clark (1996), a língua é um tipo de ação conjunta.

São, pois, ações conjuntas aquelas que envolvem a coordenação de mais de um indivíduo para sua realização, por exemplo, dois pianistas executando um dueto ao piano, um casal dançando, duas pessoas remando uma canoa. Ainda outros exemplos são crianças brincando de roda, músicos de um conjunto tocando juntos. Uma ação conjunta se diferencia de ações individuais não meramente pelo número de pessoas envolvidas, mas pela qualidade da ação, pois nela a presença de vários indivíduos e a coordenação entre eles é essencial para que a ação se desenvolva.

Dentro desta perspectiva, as ações verbais são ações conjuntas, já que usar a linguagem é sempre engajar-se em alguma ação em que ela é o próprio lugar onde a ação acontece, necessariamente em coordenação com os outros. Essas ações não são simples realizações autônomas de sujeitos livres e iguais. São ações que se desenrolam em contextos sociais, com finalidades sociais e com papéis distribuídos socialmente. Os rituais, os gêneros e as formas verbais disponíveis não são em nada neutros quanto a este contexto social e histórico (cf. Koch & Lima, 2004).

As abordagens interacionistas consideram a linguagem uma ação compartilhada que percorre um duplo percurso na relação sujeito/realidade e exerce dupla função em relação ao desenvolvimento cognitivo: intercognitivo (sujeito/mundo) e intracognitivo (linguagem e outros processos cognitivos). Cognição, aqui, define-se como um conjunto de várias formas de conhecimento, não totalizado por linguagem, mas de sua responsabilidade: os processos cognitivos, dependentes, como linguagem, da significação, não são tomados como comportamentos previsíveis ou aprioristicamente concebidos, à margem das rotinas significativas da vida em sociedade. O tipo de relação que se estabelece entre linguagem e cognição é estreito, interno, de mútua constitutividade, na medida em que supõe que não há possibilidades integrais de pensamento ou domínios cognitivos fora da linguagem, nem possibilidades de linguagem fora de processos interativos humanos. A linguagem é tida como o principal mediador da interação entre as referências do mundo biológico e as referências do mundo sociocultural (cf. Morato, 2001).

Dentro desta concepção, amplia-se, mais uma vez, a noção de contexto, tão cara à Linguística Textual. Se, inicialmente, quando das análises transfrásticas, o contexto era visto apenas como cotexto (segmentos textuais precedentes e subsequentes ao fenômeno em estudo), tendo, quando da introdução da pragmática, passado a abranger primeiramente a situação comunicativa e, posteriormente, o entorno sócio-histórico-cultural, representado na memória por meio de modelos cognitivos, ele passa a constituir agora a própria interação e seus sujeitos: o contexto constrói-se, em grande parte, na própria interação.

Portanto, na concepção interacional (dialógica) da língua, na qual os sujeitos são vistos como atores/construtores sociais, o texto passa a ser considerado o próprio *lugar* da interação e os interlocutores, sujeitos ativos que – dialogicamente – nele se constroem e por ele são construídos. A produção de linguagem constitui *atividade interativa* altamente complexa de produção de sentidos, que se realiza, evidentemente, com base nos elementos linguísticos presentes na superfície textual e na sua forma de organização, mas que requer não apenas a mobilização de um vasto conjunto de saberes (enciclopédia), mas a sua reconstrução – e a dos próprios sujeitos – no momento da interação verbal.

Em consequência do grande interesse pela dimensão sociointeracional da linguagem e por processos afeitos a ela, surge (ou ressurge) uma série de questões pertinentes para a "agenda de estudos da linguagem", entre as quais as diversas formas de progressão textual (referenciação, progressão referencial, formas de articulação textual, progressão temática, progressão tópica), a dêixis textual, o processamento sociocognitivo do texto, os gêneros, inclusive os da mídia eletrônica, questões ligadas ao hipertexto, a intertextualidade, entre várias outras. Serão estes, portanto, os temas dos próximos capítulos.

PRINCÍPIOS DE CONSTRUÇÃO TEXTUAL DO SENTIDO

Beaugrande & Dressler (1981) apresentam sete critérios, dois deles (coesão e coerência) "centrados no texto" e cinco (situacionalidade, informatividade, intertextualidade, intencionalidade e aceitabilidade) "centrados no usuário", que serão discutidos a seguir.

COESÃO TEXTUAL

Costumou-se designar por *coesão* a forma como os elementos linguísticos presentes na superfície textual se interligam, se interconectam, por meio de recursos também linguísticos, de modo a formar um "tecido" (tessitura), uma unidade de nível superior à da frase, que dela difere qualitativamente.

Em sua obra *Cohesion in English*, que se tornou clássica, vindo a servir de fundamento para a maior parte dos estudos posteriores, Halliday/Hasan (1976) postulam a existência de cinco formas de coesão, a saber, a referência, a substituição, a elipse, a conjunção e a coesão lexical. Como, porém, a distinção entre referência e substituição, tal como feita pelos autores, era bastante questionável (cf. Koch, 1987, 1989), e a elipse era por eles definida como uma substituição por zero, a maioria dos pesquisadores passou a classificar os recursos coesivos em dois grandes grupos, responsáveis pelos dois grandes movimentos de construção do texto: a remissão/referência a elementos anteriores (coesão remissiva e/ou referencial) e a coesão sequencial, realizada de forma a garantir a continuidade do sentido. No primeiro grupo ficaram incluídas a referência, a substituição e a elipse de Halliday, bem como parcela significativa da coesão lexical; ao passo que o segundo passou a englobar a outra parcela da coesão lexical, bem como a conexão (*conjunção* hallidiana).

A necessidade de dividir a coesão lexical pelos dois grupos deve-se ao fato de Halliday haver postulado que ela envolve dois mecanismos: a *reiteração* e a *colocação*. Ora, conforme veremos mais adiante, a reiteração, que se realiza por meio de repetição de um referente textual pelo uso dos mesmos itens lexicais, sinônimos, hiperônimos, nomes genéricos e expressões nominais, tem a mesma função dos demais recursos de remissão textual; enquanto a colocação, por sua vez, permite que se faça o texto progredir, garantindo, simultaneamente, a manutenção do tema.

Cabe lembrar que, nos momentos iniciais da Linguística Textual, a coesão referencial era vista como o mecanismo que permite ao produtor do texto remeter-se, por meio de um elemento linguístico, a outros elementos textuais, anteriores (anáfora) ou subsequentes (catáfora).

Entre os recursos capazes de criar a coesão referencial, foram descritos elementos de ordem gramatical, como os pronomes de terceira pessoa (retos e oblíquos), os demais pronomes (possessivos, demonstrativos, indefinidos, interrogativos, relativos), os numerais, o artigo definido e alguns advérbios locativos, como *lá, aí, ali*. Importante é ressaltar, porém, que tais elementos **podem ter, no texto, função coesiva**, isto é, eles nem sempre atuam coesivamente. Vejamos alguns exemplos em que esses elementos operam como elementos de coesão:

(1) Vá buscar as crianças na escola. *Elas* saem às cinco horas.

(2) Todos os livros estão na estante. Os *meus* são os de capa azul.

(3) Você pode escolher a música para a festa: *esta* é mais alegre, *aquela* mais romântica.

(4) Já avaliei os trabalhos. *Alguns* são excelentes!

(5) O professor recomendou a compra de vários livros. *Quais* deverão ser lidos primeiro?

(6) Muitos trabalhos foram premiados no concurso. *Os primeiros* deverão ser publicados ainda neste semestre.

(7) O pobre moleiro possuía de seu apenas um burro. Um dia, *o burro* apareceu morto.

(8) Entrei em casa e corri para o quarto. *Lá* estava o presente, em cima da cama.

Também elementos de ordem lexical podem, como dissemos, ser responsáveis pela coesão referencial, quando empregados com a função de reiterar referentes textuais: a repetição do mesmo item lexical (com ou sem mudança de determinante), sinônimos, hiperônimos, nomes genéricos e formas nominais, inclusive nominalizações, como se pode verificar nos exemplos abaixo:

(9) E a música vinha de longe. *A música* era tranquilizante, doce, cheia de acordes suaves.

(10) A casinhola ficava no meio da floresta. *No casebre*, de chão batido e coberto de sapé, morava um velho lenhador.

(11) Dois navios foram atingidos pelo fogo inimigo. Diante dos estragos, *a esquadra* fez-se ao largo.

(12) Mais uma vez, ouviu-se um estranho estrondo no interior da selva. Ninguém sabia explicar *o fenômeno*.

(13) A criancinha chorava desesperadamente. Quem iria socorrer *o pobre sobrevivente das chamas*?

(14) Os alunos da escolinha resolveram organizar uma festa junina. Mesmo sem a ajuda dos adultos, *a organização* nada deixou a desejar.

Vê-se que, tanto nos exemplos de (1) a (8), em que a coesão se realiza por meio de recursos de ordem gramatical, como nos de (9) a (14), em que se recorre a meios lexicais, opera-se a remissão a elementos textuais, que são retomados no segmento seguinte.

Há, ainda, outra forma de remissão a referentes textuais, nitidamente (embora não só) de cunho sintático: trata-se da elipse, como mostra o exemplo (15):

(15) Durante muito tempo, os escoteiros tentaram obter socorro. (Ø) Chamaram, (Ø) gritaram, (Ø) acenderam fogueiras, mas de nada adiantou.

Não tardou, porém, que se percebesse que nem sempre o referente de uma forma coesiva vem expresso no texto. Tratou-se, em primeiro lugar, das anáforas ditas *associativas*, *semânticas* ou *profundas*, como foi o caso de autores como Isenberg (1968) e Vater (1979), que já faziam referência às anáforas de tipo associativo, em exemplos aqui repetidos, como (16), (17), (18):

(16) Ontem houve um casamento. *A noiva* usava um longo vestido branco (Isenberg, 1968).

(17) Pedro me molhou todo. *A água* me escorria pelo corpo abaixo (Isenberg, 1968).

(18) Era um belo povoado. *A igreja* ficava numa colina (Vater, 1979).

Verificou-se, depois, que, em muitos outros casos, o referente da forma anafórica necessita ser extraído do conhecimento de mundo, via inferenciação, como acontece no exemplo (19), em que os antecedentes dos pronomes *(l)o* e *isto* não se encontram expressos no texto, mas necessitam ser inferidos:

(19) Quando encontrou Lúcia novamente, ela o tratou secamente, como se fosse um estranho. Ele devia tê-*lo* imaginado, ela jamais poderia conformar-se com *aquilo*.

São bastante variados os graus de inferência exigidos para recuperar o referente de uma forma anafórica. Por isso, vem-se fazendo diferenciação entre anáforas associativas (baseadas em relações léxico-estereotípicas, de ingrediência, representadas na memória em forma de modelos cognitivos) e anáforas indiretas, que exigem um grau de inferenciação mais complexo. Veja-se a diferença entre:

(20) "Quando enfim realizou o sonho de comprar um carro novo, o veterinário Wagner Magalhães Melo teve uma desagradável surpresa. Logo após a compra, Melo notou que **o motor** estava um pouco estranho" (Fernanda Medeiros e Marcos Rogério Lopes, "Carro novo também é motivo de transtornos", *OESP*, 18 set. 2000).

(21) Durante debate recente em uma Universidade nos Estados Unidos, o ex-governador do Distrito Federal, Cristovam Buarque do PT, foi questionado sobre o que pensava da internacionalização da Amazônia. O *jovem* introduziu sua pergunta dizendo que esperava resposta de um humanista e não de um brasileiro (...) (*O Globo*, 23 out. 2000).

Em (20), tem-se uma anáfora associativa, em que a inferência de que se trata do motor do carro (todo carro tem motor) é automática.

Já em (21), é preciso inferir que, em uma universidade, os alunos são, em sua maioria, jovens e que, portanto, a pergunta foi feita por um dos alunos da instituição.

A questão da referência, tal como vista hoje em dia, é bastante complexa, de modo que será tratada em capítulo à parte.

A coesão sequencial

A coesão sequencial diz respeito aos procedimentos linguísticos por meio dos quais se estabelecem, entre segmentos do texto (enunciados, partes de enunciados, parágrafos e mesmo sequências textuais), diversos tipos de relação semântica e/ou pragmático-discursiva, à medida que se faz o texto progredir. Esta interdependência é garantida, em parte, pelo uso dos diversos mecanismos de sequenciação existentes na língua e, em parte, pelo que se denomina progressão tópica. Também esses mecanismos serão tratados em outro capítulo deste livro, bem como a articulação tema/rema.

COERÊNCIA

De acordo com Beaugrande & Dressler, a coerência diz respeito ao modo como os elementos subjacentes à superfície textual entram numa configuração veiculadora de sentidos. Tal conceituação é bastante redutora, como será discutido mais adiante.

SITUACIONALIDADE

A situacionalidade pode ser considerada em duas direções: da situação para o texto e vice-versa.

No primeiro sentido, a situacionalidade refere-se ao conjunto de fatores que tornam um texto relevante para uma situação comunicativa em curso ou passível de ser reconstruída. Trata-se, neste caso, de determinar em que medida a situação comunicativa, tanto o contexto imediato de situação como o entorno sócio-político-cultural em que a interação está inserida, interfere na produção/recepção do texto, determinando escolhas em termos, por exemplo, de grau de formalidade, regras de polidez, variedade linguística a ser empregada, tratamento a ser dado ao tema etc.

No segundo sentido, é preciso lembrar que o texto tem reflexos importantes sobre a situação, visto que o mundo textual não é jamais idêntico ao mundo real. Ao construir um texto, o produtor reconstrói o mundo de acordo com suas experiências, seus objetivos, propósitos, convicções, crenças, isto é, seu modo de ver o mundo. O interlocutor, por sua vez, interpreta o texto de conformidade com seus propósitos, convicções, perspectivas. Há sempre uma *mediação* entre o mundo real e o mundo construído pelo texto.

INFORMATIVIDADE

A informatividade diz respeito, por um lado, à distribuição da informação no texto, e, por outro, ao grau de previsibilidade/redundância com que a informação nele contida é veiculada.

Quanto à distribuição da informação, é preciso que haja um equilíbrio entre informação dada e informação nova. Um texto que contenha apenas informação conhecida caminha em círculos, é inócuo, pois falta-lhe a progressão necessária à construção do mundo textual. Por outro lado, é cognitivamente impossível a existência de textos que contenham unicamente informação nova, visto que seriam improcessáveis, devido à falta das âncoras necessárias para o processamento. Conforme já foi dito, todo texto organiza-se pela combinação de dois movimentos, um de retroação, por meio do qual se retoma a informação anteriormente introduzida, que vai servir de ancoragem para o movimento de progressão, responsável pela introdução de informação nova.

Quanto ao grau de previsibilidade ou expectabilidade da informação, um texto será tanto menos informativo quanto mais previsível (redundante) for a informação que traz. Há, portanto, graus de informatividade: um texto cuja informação seja toda apresentada da forma mais previsível terá baixo grau de informatividade; se a informação for introduzida, pelo menos em parte, de forma menos esperada, menos previsível, haverá um grau médio de informatividade; e, se toda informação for apresentada de maneira imprevisível, o texto terá um grau máximo de informatividade e exigirá um grande esforço de processamento, podendo assim, à primeira vista, parecer pouco coerente. Um texto como (22) provoca estranheza, por conter um grau elevado de informatividade, grau que será "rebaixado" à medida que se prossegue a leitura, permitindo a estabilização. O grau máximo de informatividade é comum na linguagem poética e metafórica em geral.

(22) *A água não é hidrogênio e oxigênio.* Ela contém também partículas mínimas de outros gases...

Neste sentido, a informatividade refere-se ao *como* do texto, à forma como a informação é veiculada, exercendo, pois, importante papel na seleção e arranjo dos componentes textuais.

INTERTEXTUALIDADE

A intertextualidade compreende as diversas maneiras pelas quais a produção/recepção de um dado texto depende do conhecimento de outros textos por parte dos interlocutores, ou seja, dos diversos tipos de relação que um texto mantém com outros textos. Devido à sua grande relevância para a construção do sentido, será estudada em item à parte.

INTENCIONALIDADE

A intencionalidade refere-se aos diversos modos como os sujeitos usam textos para perseguir e realizar suas intenções comunicativas, mobilizando, para tanto, os recursos adequados à concretização dos objetivos visados; em sentido restrito, refere-se à intenção do locutor de produzir uma manifestação linguística coesa e coerente, ainda que essa intenção nem sempre se realize integralmente. E existem, ainda, casos em que o produtor do texto afrouxa deliberadamente a coerência, com o fim de obter efeitos específicos (parecer embriagado, desmemoriado etc.).

ACEITABILIDADE

A aceitabilidade é a contraparte da intencionalidade. Refere-se à concordância do parceiro em entrar num "jogo de atuação comunicativa" e agir de acordo com suas regras, fazendo o possível para levá-lo a um bom termo, visto que, como postula Grice (1975), a comunicação humana é regida pelo Princípio de Cooperação. Em sentido restrito, refere-se à atitude dos interlocutores de aceitarem a manifestação linguística do parceiro como um texto coeso e coerente, que tenha para eles alguma relevância. Deste modo, mesmo que o texto contenha incoerências locais ou pareça a princípio incoerente, o leitor/ouvinte fará o possível para atribuir-lhe um sentido.

QUESTIONAMENTOS

Algumas críticas têm sido feitas às postulações de Beaugrande & Dressler (1981), entre as quais ressaltam as seguintes:

1) Dentro de uma perspectiva pragmático-cognitiva, não faz sentido a divisão entre fatores "centrados no texto" e "centrados no usuário", já que todos eles estão centrados simultaneamente no texto e em seus usuários. Mesmo o uso (ou não) dos recursos coesivos e a sua seleção são determinados, essencialmente, por fatores de ordem pragmático-cognitiva.

2) A lista de fatores apresentados não é, de forma alguma, exaustiva, de modo que vários outros têm sido sugeridos, conforme veremos adiante.

3) A coerência não é apenas um critério de textualidade entre os demais (e centrado no texto!), mas constitui o resultado da confluência de todos os demais fatores, aliados a mecanismos e processos de ordem cognitiva, como o conhecimento enciclopédico, o conhecimento compartilhado, o conhecimento procedural etc. O que se tem defendido é que a coerência resulta de uma construção dos usuários do texto, numa dada situação comunicativa, para a qual contribuem, de maneira relevante, todos os fatores aqui apresentados, a par de outros que passamos a especificar.

FATORES DE CONTEXTUALIZAÇÃO

Marcuschi (1983) sugere que se incluam, entre os demais fatores, os *fatores de contextualização*, responsáveis, segundo ele, pela ancoragem do texto em dada situação comunicativa. Menciona dois subtipos: os contextualizadores propriamente ditos (data, local, assinatura, timbre, em documentos oficiais, diagramação, localização na página ou em cadernos, em se tratando de textos jornalísticos, recursos gráficos em geral); e prospectivos, que permitem avançar expectativas sobre o texto (título, nome do autor, início do texto). Esses elementos são, muitas vezes, decisivos para a interpretação.

CONSISTÊNCIA E RELEVÂNCIA

Giora (1985) apresenta como requisitos básicos para que um texto possa ser tido como coerente a *consistência* e a *relevância*. A condição de consistência exige que todos os enunciados de um texto possam ser verdadeiros, isto é, não contraditórios (cf. também Charolies, 1978) dentro de um mesmo mundo ou dentro dos diversos mundos representados num texto. O critério da relevância exige que o conjunto de enunciados que compõem o texto seja relevante para um mesmo tópico discursivo, isto é, que os enunciados sejam interpretáveis como predicando algo sobre um mesmo tema (cf. a noção de relevância, em Sperber & Wilson, 1986). Assim, a relevância não se dá linearmente entre pares de enunciados, mas entre conjuntos de enunciados e um tópico discursivo.

FOCALIZAÇÃO

Koch & Travaglia (1989) acrescentam, além destes, o critério da *focalização*, com base nos estudos de Grosz (1981) na área de Inteligência Artificial, que se refere à concentração dos usuários, no momento da interação verbal, em apenas uma parte de seu conhecimento, bem como à perspectiva sob a qual são vistos os componentes do mundo textual. Diferenças de focalização podem causar problemas sérios de interincompreensão. Dependendo da focalização, um mesmo texto pode ser lido (ou construído) de formas inteiramente diferentes. A focalização permite determinar, também, o significado, no texto, de palavras homônimas e polissêmicas, bem como o uso adequado de certos elementos linguísticos de valor dêitico, como é o caso dos verbos ir e vir, cujo emprego depende da direção do movimento focalizado (cf. Fillmore, 1981). A focalização é, ainda, responsável pela escolha de descrições ou expressões nominais, na construção/reconstrução de referentes textuais.

CONHECIMENTO COMPARTILHADO

Cabe aqui ressaltar, ainda, que não só os conhecimentos prévios são de extrema importância no processamento textual e, portanto, para o estabelecimento da coerência, como também os conhecimentos partilhados ou pressupostos como partilhados – entre os interlocutores, que vão determinar, por exemplo, o balanceamento entre o que precisa ser explicitado e o que pode ficar implícito no texto. Pressuposições falsas de conhecimento partilhado podem levar ao processamento inadequado do texto por parte do interlocutor, acarretando mal-entendidos e abortando a possibilidade de construção da coerência.

Contudo, a concepção de cognição dominante nesse momento é ainda a que postula uma separação entre corpo e mente, entre o que é exterioridade/interioridade. Dentro dessa perspectiva, portanto, os processos cognitivos seriam realizados no interior das mentes individuais, sem interferências resultantes da própria interação (cf. capítulo "A virada cognitivista").

EVOLUÇÃO DOS CONCEITOS DE COESÃO E COERÊNCIA

Pode-se facilmente verificar que as noções de coesão e coerência foram sofrendo alterações significativas no decorrer do tempo.

Se, nos primeiros momentos, quando das análises transfrásticas, os dois conceitos praticamente se confundiam, à medida que se diferenciavam as concepções de texto elas passaram a diferenciar-se de forma decisiva.

O primeiro passo foi constatar que a coesão *não* é condição necessária nem suficiente da coerência, já que esta não se encontra *no* texto, mas constrói-se a partir dele, numa situação interativa, bem como considerar a coerência como um fenômeno semântico, por estar ligada com as macroestruturas textuais profundas.

Verificou-se, a seguir, que a distinção entre coesão e coerência não pode ser estabelecida de maneira radical, ou seja, como se se tratasse de dois fenômenos independentes um do outro, pois, como vimos, nem sempre a coesão se estabelece de forma unívoca entre elementos presentes na superfície textual. Desta maneira, sempre que se faz necessário um cálculo do sentido, com recurso a elementos contextuais – em particular os de ordem sociocognitiva e interacional –, já nos encontramos no domínio da coerência. Além do mais, os dois grandes movimentos responsáveis pela estruturação do texto – o de retrospecção e o de prospecção –, realizados em grande parte por meio dos recursos coesivos, são determinantes para a produção dos sentidos e, portanto, para a construção da coerência. Passou-se, também, a postular uma coerência pragmática, relacionada, sobretudo, com os atos e macroatos de fala. Muitos autores passaram, então, a reivindicar que a coerência se constrói por meio de processos cognitivos operantes na mente dos usuários, desencadeados pelo texto e seu contexto, razão pela qual a ausência de elementos coesivos não é, necessariamente, um obstáculo para essa construção.

Posteriormente, ainda, dentro de uma abordagem sociocognitiva e interacionista, a coerência vai passar a ser vista como uma construção "situada" dos interlocutores. É esta posição que se defenderá nos próximos capítulos.

PARTE II

PRINCIPAIS OBJETOS DE ESTUDO: O ESTADO DA ARTE

REFERENCIAÇÃO

Kaspar Hauser: linguagem, mundo, realidade, percepção, significação, cognição... assim é que, procurando desvendar os enigmas do filme de Herzog fui sendo levado, pouco a pouco, a revisitar um antigo e problemático tema, situado num entroncamento por onde passam a linguística, a semiologia, a antropologia, a teoria do conhecimento etc.: trata-se da relação entre língua, pensamento, conhecimento e realidade. Até que ponto o universo dos signos linguísticos coincide com a realidade "extralinguística"? Como é possível conhecer tal realidade por meio dos signos linguísticos? Qual o alcance da língua sobre o pensamento e a cognição? I. BLIKSTEIN, *Kaspar Hauser ou A fabricação da realidade*, 4. ed., São Paulo, Cultrix, 1995, p. 17.

É com estas indagações que Isidoro Blikstein inicia sua pequena obra-prima sobre uma das questões que, através dos tempos, têm ocupado a mente de filósofos, logicistas, semanticistas, semiólogos, linguistas e demais estudiosos de questões de significação e de linguagem, e que hoje constitui um dos principais objetos de estudo da Linguística Textual.

Nessa obra, Blikstein defende a tese de que o que julgamos ser a realidade não passa de um produto de nossa percepção cultural. Ou seja, percebemos os objetos tal como previamente definidos por nossas práticas culturais: a "realidade" é fabricada por toda uma rede de estereótipos culturais, que condicionam a própria percepção e que, por sua vez, são garantidos e reforçados pela linguagem, de modo que o processo de conhecimento é regulado por uma interação contínua entre práxis, percepção e linguagem.

Postula que o fato de ser o *referente* (*objeto mental, unidade cultural*) extralinguístico não significa que deva ser relegado pela Linguística, pois ele está simplesmente situado *atrás* ou *antes* da linguagem, como um evento cognitivo, produto de nossa percepção. É na dimensão da percepção-cognição que se fabricam os referentes, os quais, embora destituídos de estatuto linguístico, vão condicionar o evento semântico. Segundo Blikstein, as teorias do signo não têm levado em conta o referente na explicação dos mecanismos de produção do significado. Ogden e Richards, que, empenhados em situar o significado linguístico no processo cognitivo, lançaram a figura do *referente* (a coisa extralinguística), localizado no vértice inferior direito de seu famoso "triângulo" – concepção triádica que, aliás, tem origem na Grécia, com os estoicos (*semaînon, semainómmenon, pragma*), adotada por Santo Agostinho (*verbum, dicibile, res*), pelos escolásticos (*vox, conceptus, res*) e pelos lógicos de Port Royal (*nom, idée, chose*) –, e o distinguiram nitidamente da *referência* (o significado linguístico), voltaram suas atenções exclusivamente para o lado esquerdo do triângulo, onde estão situados o símbolo e a referência, o mesmo ocorrendo com todos aqueles que o adotaram, reproduziram, criticaram, desfiguraram, aperfeiçoaram (Ullmann, Baldinger, Heger, Eco, Peirce, entre outros). Não se pode deixar de levar em conta, contudo, que a experiência perceptiva já é um processo (não verbal) de cognição, de construção e de ordenação do universo...

Desta forma, aos poucos, como diz Blikstein (1985),

> a Linguística acaba por confessar a necessidade de incluir a percepção/cognição no aparelho teórico da semântica, pois evidente que a significação linguística é tributária do referente e que este, por sua vez, é constituído pela dimensão perceptivo-cognitiva (p. 45).

Também Greimas (1966) considera a percepção o lugar não linguístico em que se situa a apreensão da significação. E Coseriu (1977) assevera que

> Consequentemente, é inútil querer interpretar as estruturações linguísticas sob o ponto de vista das pretensas estruturas "objetivas" da realidade: é preciso começar por estabelecer que não se trata de estruturas da realidade, mas de estruturações impostas à realidade pela interpretação humana (p. 103).

Assim, segundo Blikstein, a percepção/cognição transforma o "real" em referente, ou seja, a realidade se transforma em referente por meio da percepção/cognição (conforme Greimas) ou da interpretação humana (segundo Coseriu), de modo que o referente tem de ser obrigatoriamente considerado na relação triádica.

É também nessa direção que o autor interpreta a famosa afirmação de Saussure (1975): "Bem longe de dizer que o objeto precede o ponto de vista, diríamos que *é o ponto de vista que cria o objeto* [...]" (p. 23), defendendo a posição de que o "*ponto de vista*" corresponde à noção de percepção/interpretação, enquanto o *objeto*, assim como a *ousía* de Platão, deve coincidir com o referente "fabricado". E é, segundo ele, na *prática social* ou *práxis* que reside o mecanismo gerador do sistema perceptual que, a seu turno, vai "fabricar" o referente.

Pois bem: se o referente é fabricado pela prática social, o que dizer da atividade sociocognitivo-discursiva de referenciação? É essa uma das principais reflexões que vêm sendo empreendidas hoje no interior da Linguística Textual.

REFERÊNCIA E REFERENCIAÇÃO

Nosso principal pressuposto no que diz respeito a essa questão é o da *referenciação como atividade discursiva* (cf. Koch, 1999a e b; Marcuschi & Koch, 1998a; Koch & Marcuschi, 1998b; Marcuschi, 1998), que implica uma visão não referencial da língua e da linguagem. É esta, também, a posição de Mondada & Dubois (1995), que as leva a postular uma instabilidade das relações entre as palavras e as coisas.

Estudos recentes em ciência cognitiva têm mostrado que a formação de categorias depende das nossas capacidades perceptuais e motoras, sobretudo as categorias que se situam nos chamados níveis básicos. A categoria de nível básico é um conceito proposto pela antropóloga americana Eleanor Rosch (1978), segundo a qual nós não categorizamos o mundo utilizando mecanismos analíticos racionais que apreendem a realidade e distinguem os entes. Assim, para um ente pertencer a uma determinada categoria, ele não necessita exibir certas características, preencher determinados requisitos que definem o que é fazer parte de uma categoria qualquer.

Fazer parte de uma categoria não é uma questão de sim ou não. Existem membros mais centrais em cada categoria e outros mais marginais, e os elementos que estão no centro tendem a ser considerados *os protótipos* dessa categoria. Tome-se, por exemplo, *canário* versus *avestruz* para a categoria *pássaro*, ou *cadeira* versus *ventilador* para a categoria *móvel*. O que a existência de categorias de nível básico evidencia é que a forma como percebemos e atuamos com os objetos é fundamental para a forma como somos capazes de desenvolver conceitos abstratos para eles. Esses conceitos são fruto direto da percepção e da ação motora, e não um conjunto de conhecimentos abstratos que teriam sido organizados da mesma forma por uma mente sem corpo (cf. Koch & Lima, 2004).

Mondada & Dubois, adotando uma linha de pensamento congruente com a de Blikstein anteriormente exposta, defendem a posição de que as categorias utilizadas para descrever o mundo alteram-se tanto sincrônica quanto diacronicamente: quer nos discursos ordinários, quer nos discursos científicos, elas são plurais e mutáveis, antes de serem fixadas normativa ou historicamente. Citam Sacks que, no quadro etnometodológico, propõe estudar a categorização como um problema de decisão que se coloca aos atores sociais, de forma que a questão não seria avaliar a adequação de um rótulo "correto", mas descrever os procedimentos linguísticos e cognitivos por meio dos quais os atores sociais se referem uns aos outros, por exemplo, categorizando alguém como "um velho", "um banqueiro", "um judeu" etc.

Consideram Mondada & Dubois (1995) que tais variações no discurso poderiam ser interpretadas como dependendo muito mais da pragmática da enunciação que da semântica dos objetos. Rebatem, contudo, a possibilidade de se pensar que, nesse caso, elas deveriam afetar mais os objetos sociais que os objetos físicos, cuja semântica pudesse ser vista como algo que escapa à ideologia, como mais precisa, estável, ou mesmo ligada a valores verdadeiros, argumentando que os objetos sociais não constituem um desvio da forma "normal" de referir, mas, sim, que é necessário considerar a referência aos objetos do mundo físico e natural no seio de uma concepção geral dos processos de categorização discursiva e cognitiva tal como são considerados nas práticas situadas dos sujeitos.

Muitos outros autores vêm sublinhando o caráter vago das categorias organizadas pela tipicidade em protótipos, bem como sua instabilidade e flexibilidade através dos contextos e dos indivíduos. Barsalou (1983) refere-se à variabilidade de segmentações possíveis do contínuo das experiências humanas, postulando que os sistemas cognitivos humanos parecem particularmente adaptados à construção de tais categorias flexíveis, *ad hoc* e úteis para fins práticos, dependendo muito mais da multiplicidade de pontos de vista que os sujeitos exercem sobre o mundo do que de restrições impostas pela materialidade deste. Cita como exemplo o piano, que pode ser categorizado como um instrumento musical no contexto de um concerto, bem como um móvel pesado e incômodo no contexto de uma mudança de domicílio, podendo-se inclusive imaginar um contexto discursivo em que a referência ao piano percorra sucessivamente uma e outra categoria.

Testes psicológicos têm mostrado como se dá a recategorização por meio da anáfora em entornos linguísticos diferentes. Em um enunciado como "A ave caminhava pelo quintal", é mais comum o encadeamento com "a galinha" que com "o rouxinol", embora este seja – sem nenhuma especificação contextual – mais tipicamente ave que a galinha (Roth & Shoben, 1983). É também o que ocorre com termos como *morcego*, pois, nesse caso, seria mais esperado encontrar um encadeamento com "a ave" do que com "o mamífero".

No discurso, como demonstram Mondada & Dubois, quer se trate de objetos sociais, quer de objetos "naturais", aquilo que é habitualmente considerado um ponto estável de referência para as categorias pode ser de-categorizado, tornado instável, evoluir sob o efeito de uma mudança de contexto ou de ponto de vista.

Os nomes, como rótulos, correspondem aos protótipos e contribuem para sua estabilização no fio dos processos discursivos. Primeiramente, correspondem a unidades linguísticas discretas, que permitem uma descontextualização do protótipo segundo os paradigmas disponíveis na língua, garantindo assim sua invariância através dos contextos. Depois, porém, a nomeação do protótipo torna possível seu compartilhamento por inúmeros indivíduos através da comunicação linguística e faz dele um objeto socialmente distribuído, estabilizado no seio de um grupo de sujeitos. É este protótipo partilhado, que evoluiu para uma representação coletiva, que vai constituir o estereótipo.

Pode-se assim dizer que as noções de prototipicidade e de estereotipia vêm se aproximando do conceito de esquemas ou modelos sociocognitivos, isto é, das formas de representação dos conhecimentos pelos membros dos grupos sociais, de acordo com suas práticas culturais, suas atitudes com relação a essas práticas e aos atores sociais, variáveis espaçotemporais, "props" e outros elementos que as constituem como tais (*frames, scripts, cenários* etc.). Desta forma, o estereótipo constitui parte integrante do que se tem denominado *cognição social*, definida por Van Dijk (1994, 1997) como o sistema de estratégias e estruturas mentais partilhadas pelos membros de um grupo, particularmente aquelas envolvidas na compreensão, produção ou representação de "objetos" sociais, tais como situações, interações, grupos ou instituições. Em última análise, a língua não existe fora dos sujeitos sociais que a falam e fora dos eventos discursivos nos quais eles intervêm e nos quais mobilizam suas percepções, seus saberes, quer de ordem linguística, quer de ordem sociocognitiva, ou seja, seus modelos de mundo. Estes, todavia, não são estáticos, (re)constroem-se tanto sincrônica como diacronicamente, dentro das diversas cenas enunciativas, de modo que, no momento em que se passa da língua ao discurso, torna-se necessário invocar conhecimentos – socialmente compartilhados e discursivamente (re)construídos –, situar-se dentro das contingências históricas, para que se possa proceder aos encadeamentos discursivos.

Todas estas questões estão diretamente relacionadas com os processos de categorização e recategorização por meio de expressões nominais, que passamos a tomar como objeto de discussão.

Cabe, mais uma vez, enfatizar que não se entende aqui a referência no sentido que lhe é mais tradicionalmente atribuído, como simples representação extensional de referentes do mundo extramental, mas, sim, como aquilo que designamos, representamos, sugerimos quando usamos um termo ou criamos uma situação discursiva referencial com essa finalidade: as entidades designadas são vistas como *objetos de discurso*, e não como *objetos do mundo*. Partimos, aqui, para fundamentar essa tese de posições já defendidas por Apotheloz & Reichler-Beguelin (1995) e Mondada & Dubois (1995), entre outros.

Isto não significa negar a existência da realidade extramente, mas, simplesmente, postular a necessidade de uma ontologia não ingênua e não realista. Nosso cérebro não opera como um sistema fotográfico do mundo nem como um sistema de espelhamento, ou seja, nossa maneira de ver e dizer o real não coincide com o real. Ele *reelabora* os dados sensoriais para fins de apreensão e compreensão. E essa reelaboração se dá essencialmente no discurso. Também não postulamos uma reelaboração subjetiva, individual: a reelaboração deve obedecer a restrições impostas pelas condições culturais, sociais, históricas e, finalmente, pelas condições de processamento decorrentes do uso da língua (Koch & Marcuschi, 1998).

Adotamos, portanto, as postulações de Apothéloz & Reichier-Béguelin (1995) de que:

a) a referência diz respeito sobretudo às operações efetuadas pelos sujeitos à medida que o discurso se desenvolve;
b) o discurso constrói aquilo a que faz remissão, ao mesmo tempo que é tributário dessa construção. Isto é, todo discurso constrói uma representação que opera como uma memória compartilhada, "publicamente" alimentada pelo próprio discurso (Apothéloz & Reichier-Béguelin, 1999), sendo os sucessivos estágios dessa representação responsáveis, ao menos em parte, pelas seleções feitas pelos interlocutores, particularmente em se tratando de expressões referenciais. Tal representação – a *memória discursiva* (Berrendonner & Reichier-Béguelin, 1995) – tem recebido os mais variados nomes na literatura, como, por exemplo, *esquematização* (Grize, 1982), *modelo de contexto* (Bosch, 1983; Van Dijk, 1994, 1997), *modelo de discurso* (Cornish, 1987), *fio* ou *corrente do discurso* (Givón, 1983), *modelo mental* (Johnson-Laird, 1980; Garnham & Oakhill, 1990), *representação do discurso* (Brown & Yule, 1983), entre outras;
c) eventuais modificações, quer físicas, quer de qualquer outro tipo, sofridas "mundanamente" ou mesmo predicativamente por um referente, não acarretam necessariamente no discurso uma recategorização lexical, sendo o inverso também verdadeiro:

> O enunciador, em função de fatores intra- ou extradiscursivos, pode sempre decidir pela homologação ou não, por meio de suas escolhas lexicais, de uma transformação ou mudança de estado constatada ou predicada. Simetricamente, ele pode também alterar a categorização de um objeto independentemente de toda e qualquer transformação asseverada a respeito deste (p. 266).

Sob esta perspectiva, defendemos que a interpretação de uma expressão anafórica, nominal ou pronominal, consiste não em localizar um segmento linguístico ("antecedente") ou um objeto específico no mundo, mas em estabelecer uma relação com algum tipo de informação presente na memória discursiva.

Tal posição implica, necessariamente, uma noção de língua que não se esgote no código nem seja concebida apenas como um sistema de comunicação que privilegia o aspecto informacional ou ideacional. A discursivização ou textualização do mundo por intermédio da linguagem não se dá como um simples processo de elaboração de informação, mas de (re)construção interativa do próprio real. Posições desta natureza requerem a distinção de categorias como *referir*, *remeter* e *retomar*, que frequentemente são vistas como idênticas, empregando-se, amiúde, os três termos como sinônimos (Koch & Marcuschi, 1998). Defendemos a posição de que se trata de algo essencialmente diverso, podendo-se estabelecer a seguinte relação de subordinação hierárquica entre os três termos:

a) a retomada implica remissão e referenciação;
b) a remissão implica referenciação, e não necessariamente retomada;
c) a referenciação não implica remissão pontualizada nem retomada.

Portanto, sendo a referenciação um caso geral de operação dos elementos designadores, todos os casos de progressão referencial são baseados em algum tipo de referenciação, não importando se são os mesmos elementos que recorrem ou não. A determinação referencial se dá como um processamento da referência na relação com os demais elementos do cotexto (ou mesmo do contexto), mas não necessariamente como retomada referencial (correferenciação).

Referir é, portanto, uma atividade de designação realizável por meio da língua sem implicar uma relação especular língua-mundo; *remeter* é uma atividade indexical na cotextualidade; *retomar* é uma atividade de continuidade de um núcleo referencial, seja numa relação de identidade ou não. Ressalte-se, mais uma vez, que a continuidade referencial não implica referentes sempre estáveis, nem identidade entre referentes.

Com base nesses pressupostos, propõe-se, pois, substituir a noção de *referência* pela noção de *referenciação*, tal como postulam Mondada & Dubois (1995).

REFERENCIAÇÃO: CONSTRUÇÃO E RECONSTRUÇÃO DE OBJETOS DE DISCURSO

A posição defendida aqui é a de que a referenciação e a progressão referencial consistem na construção e reconstrução de objetos de discurso, posição que se encontra assim explicitada em Apothéloz & Reichler-Béguelin (1995):

> De maneira geral, argumentaremos [...] em favor de uma concepção construtivista da referência [...]; assumiremos plenamente o postulado segundo o qual os chamados "objetos de discurso" não preexistem "naturalmente" à atividade cognitiva e interativa dos sujeitos falantes, mas devem ser concebidos como produtos – fundamentalmente culturais – desta atividade (p. 228).

Dentro dessa concepção, defendemos em Koch & Marcuschi (1998) que a discursivização ou textualização do mundo por meio da linguagem não consiste em um simples processo de elaboração de informações, mas num processo de (re)construção do próprio real. Sempre que usamos uma forma simbólica, manipulamos a própria percepção da realidade de maneira significativa. É dessa assunção que decorre a proposta de substituir a noção de *referência* pela noção de *referenciação*, tal como postula Mondada (2001):

> Ela [*a referenciação*] não privilegia a relação entre as palavras e as coisas, mas a relação intersubjetiva e social no seio da qual as versões do mundo são publicamente elaboradas, avaliadas em termos de adequação às finalidades práticas e às ações em curso dos enunciadores (p. 9).

A referenciação constitui, assim, uma atividade discursiva. O sujeito, por ocasião da interação verbal, opera sobre o material linguístico que tem à sua disposição, operando escolhas significativas para representar estados de coisas, com vistas à concretização de sua proposta de sentido (Koch, 1999, 2002). Isto é, os processos de referenciação são escolhas do sujeito em função de um querer-dizer. Os objetos de discurso não se confundem com a realidade extralinguística, mas (re)constroem-na no próprio processo de interação. Ou seja: a realidade é construída, mantida e alterada não somente pela forma como nomeamos o mundo, mas, acima de tudo, pela forma como, sociocognitivamente, interagimos com ele: interpretamos e construímos nossos mundos por meio da interação com os entornos físico, social e cultural.

Assim sendo, defendemos a tese de que o discurso constrói aquilo a que faz remissão, ao mesmo tempo que é tributário dessa construção.

Como dissemos, todo discurso constrói uma representação que opera como uma memória compartilhada (memória discursiva, modelo textual), "publicamente" alimentada pelo próprio discurso (Apothéloz & Reichier-Béguelin, 1999), sendo os sucessivos estágios dessa representação responsáveis, ao menos em parte, pelas seleções feitas pelos interlocutores, particularmente em se tratando de expressões referenciais.

Uma vez produzidos, os conteúdos implícitos são integrados à memória discursiva juntamente com os conteúdos linguisticamente validados, sendo, por isso, suscetíveis de anaforização.

Para Berrendonner (1986), o emprego de elementos anafóricos caracteriza-se como um fenômeno de *retomada informacional* relativamente complexa, em que intervêm o saber construído linguisticamente pelo próprio texto e os conteúdos inferenciais que podem ser calculados a partir de conteúdos linguísticos tomados por premissas, graças aos conhecimentos lexicais, aos pré-requisitos enciclopédicos e culturais e aos lugares-comuns argumentativos de uma dada sociedade.

Na constituição da memória discursiva, estão envolvidas, como operações básicas, as seguintes estratégias de referenciação:

1) Construção/ativação: pela qual um "objeto" textual até então não mencionado é introduzido, passando a preencher um nódulo ("endereço" cognitivo, locação) na rede conceitual do modelo de mundo textual: a expressão linguística que o representa é posta em foco na memória de trabalho, de tal forma que esse "objeto" fica saliente no modelo.

2) Reconstrução/reativação: um nódulo já presente na memória discursiva é reintroduzido na memória operacional, por meio de uma forma referencial, de modo que o objeto de discurso permanece saliente (o nódulo continua em foco).

3) Desfocalização/desativação: ocorre quando um novo objeto de discurso é introduzido, passando a ocupar a posição focal. O objeto retirado de foco, contudo, permanece em estado de ativação parcial (*stand by*), podendo voltar à posição focal a qualquer momento; ou seja, ele continua disponível para utilização imediata na memória dos interlocutores. Cabe lembrar, porém, que muitos problemas de ambiguidade referencial são devidos a instruções pouco claras sobre com qual dos objetos de discurso presentes na memória a relação deverá ser estabelecida.

Pela repetição constante de tais estratégias, estabiliza-se, por um lado, o modelo textual; por outro lado, porém, esse modelo é continuamente reelaborado e modificado por meio de novas referenciações (Schwarz, 2000). Desta maneira, "endereços" ou nódulos cognitivos já existentes podem ser, a todo momento, modificados ou expandidos, de modo que, durante o processo de compreensão, desdobra-se uma unidade de representação extremamente complexa, pelo acréscimo sucessivo e intermitente de novas categorizações e/ou avaliações acerca do referente. Vejamos o exemplo (1):

(1) Com a perigosa progressão *da demência bélica de Bush 2º*? [construção] cabe uma indagação: para que serve a ONU? Criada logo após a 2ª Guerra Mundial, como substituta da Liga das Nações, representou uma grande esperança de paz e conseguiu cumprir seu papel durante algum tempo, amparando deslocados de guerra, mediando conflitos, agindo pela independência das colônias. (...)
É. Sem guerra não dá. Num mundo de paz, como iriam ganhar seu honrado dinheirinho os industriais de armas que pagaram *a duvidosa eleição de Bush 2º, o Aloprado?* [nova construção a partir de uma reativação] Sem guerra, coitadinhas da Lookheed, da Raytheon (escândalo da Sivan, lembram?). Com guerra à vista, estão faturando firme. A ONU ainda não abençoou *essa nova edição de guerra santa, do terrorismo do bem contra o terrorismo do mal* [reconstrução por recategorização] (...) *O Caubói Aloprado* [reconstrução por recategorização] já nem disfarça mais. (...) (Juracy Andrade, "Delinquência internacional", *Jornal do Commercio*, Recife, 8 fev. 2003).

No exemplo acima, fica patente a forma pela qual o referente G. W. Bush é construído e reconstruído no texto, segundo os propósitos do jornalista e de forma altamente argumentativa. Pode-se facilmente verificar, também, a quantidade de conhecimentos prévios exigidos do leitor da matéria para construir, de modo adequado, o sentido que lhe é proposto. Por que "demência bélica de Bush 2º"? É preciso não só saber que Bush é o presidente dos Estados Unidos e que seu pai também o foi (e perceber a ironia veiculada pelo numeral ordinal, comumente usado na designação de papas, reis e imperadores), mas também que ele estava impondo ao mundo uma guerra que, para a maior parte da humanidade, parecia não ter a menor razão de ser. Em "a duvidosa eleição de Bush 2º, o Aloprado", o leitor precisa ter conhecimento de como se realizou a apuração das eleições presidenciais em que Bush foi eleito (e a presença de um epíteto costumeiramente empregado para denominar soberanos ou dominadores). Em "essa nova edição de guerra santa, do terrorismo do bem contra o terrorismo do mal" cumpre saber o que eram as guerras santas, empreendidas pelos cruzados, que representavam o "bem", contra os "infiéis", que representavam o mal, mas agora com o acréscimo indicativo de que ambos os lados são terroristas. Finalmente, o "Caubói Aloprado" exige que se conheça o estado natal do presidente norte-americano e o seu modo de vida antes de se tornar um político.

FORMAS DE INTRODUÇÃO (ATIVAÇÃO) DE REFERENTES NO MODELO TEXTUAL

São de dois tipos os processos de construção de referentes textuais, isto é, de sua introdução/ativação no modelo textual. Para designá-los, recorro, de forma bastante livre, aos termos cunhados por Prince (1981) para postular que tal ativação pode ser "ancorada" e "não ancorada".

A introdução será não ancorada quando um objeto de discurso totalmente novo é introduzido no texto, passando a ter um "endereço cognitivo" na memória do interlocutor. Quando representado por uma expressão nominal, esta opera uma *categorização* do referente, como foi visto no exemplo (1).

Tem-se uma ativação "ancorada" sempre que um novo objeto de discurso é introduzido, sob o modo do dado, em virtude de algum tipo de associação com elementos presentes no cotexto ou no contexto sociocognitivo, passível de ser estabelecida por associação e/ou inferenciação. Estão entre esses casos as chamadas anáforas associativas e as anáforas indiretas de modo geral. A anáfora associativa explora relações metonímicas, ou seja, todas aquelas em que entra a noção de ingrediência, tal como descrita por Lesniewski (1989). Incluem-se, pois, aqui não somente as associações metonímicas, mas também todas aquelas relações em que um dos elementos pode ser considerado "ingrediente" do outro, conforme se verifica em (2), em que *vagões* e *bancos* podem ser considerados "ingredientes" de *trem*.

(2) Uma das mais animadas atrações de Pernambuco é o *trem* do forró. Com saídas em todos os fins de semana de junho, ele liga o Recife à cidade de Cabo de Santo Agostinho, um percurso de 40 quilômetros. Os *vagões*, adaptados, transformam-se em verdadeiros arraiais. Bandeirinhas coloridas, fitas e balões dão o tom típico à decoração. Os bancos, colocados nas laterais, deixam o centro livre para as quadrilhas.

Já em (3), é "pichações" que vai ancorar a interpretação de as *gangues*, embora não se trate aqui de uma relação léxico-estereotípica (condição estabelecida por Kleiber et al., 1994, e Kleiber, 2001, entre outros, para a existência de uma anáfora associativa), e sim de uma relação indireta que se constrói inferencialmente, a partir do cotexto, com base em nosso conhecimento de mundo.

(3) Há alguns anos, as *pichações* que passaram a borrar casas, edifícios e monumentos de São Paulo – e de outras grandes cidades brasileiras – começaram a ganhar características novas. Pode-se questionar se políticas apenas repressivas são a melhor forma de enfrentar o problema – ainda que nesse quesito, elementar, o poder público pareça complacente, já que, conforme a reportagem, *as gangues* reúnem-se semanalmente com hora e local marcados. Merecem apoio iniciativas que possam, de forma positiva, atrair os pichadores para atividades menos predatórias.

Minha proposta é que se incluam, entre os casos de introdução ancorada de objetos de discurso, as chamadas nominalizações, tal como definidas por Apothéloz & Reichler-Beguelin (1995): uma operação discursiva que consiste em referir, por meio de um sintagma nominal, um processo ou estado significado por uma proposição que, anteriormente, não tinha o estatuto de entidade. Assim definida, a nominalização designa um fenômeno geral de transformação de proposições em entidades. Neste caso, porém, o processo de inferenciação é distinto daquele mobilizado no caso das anáforas associativas e indiretas.

As nominalizações são consideradas por Francis (1994) *rotulações*, resultantes de encapsulamentos operados sobre predicações antecedentes ou subsequentes, ou seja, sobre processos e seus actantes, os quais passam a ser representados como objetos-acontecimento na memória discursiva dos interlocutores. Isto é, introduz-se um referente novo, encapsulando a informação difusa no cotexto precedente ou subsequente (*informação-suporte*, segundo Apothéloz & Chanet, 1997), de forma a operar, simultaneamente, uma mudança de nível e uma condensação (sumarização) da informação. Do ponto de vista da dinâmica discursiva, apresenta-se, *pressupondo* sua existência, um processo que foi (ou será) predicativamente significado, que acaba de ser (ou vai ser) *posto*. Os rótulos podem, portanto, ser prospectivos e retrospectivos, como se pode ver em (4) e (5), respectivamente:

(4)   Depois de longas horas de debate, os congressistas conseguiram chegar a *uma decisão*: adiar, por algum tempo, a reforma, até que se conseguisse algum consenso quanto aos aspectos mais relevantes.

(5)   O capitão Celso Aparecido Monari, de 39 anos, lotado na Casa Militar do Palácio dos Bandeirantes, residência oficial do governador Geraldo Alckmin, teve a prisão temporária pedida pela Polícia Federal. Ele é acusado de comandar o tráfico e também chacinas motivadas por dívidas de drogas na Zona Leste de São Paulo. *O envolvimento do oficial com o crime* foi revelado com a apreensão de 863 quilos de maconha escondidos no fundo falso de um ônibus na Rodovia Raposo Tavares, na região de Assis, oeste do estado (*Diário de S. Paulo On-Line*, 16 fev. 2003).

RECONSTRUÇÃO OU MANUTENÇÃO NO MODELO TEXTUAL – A PROGRESSÃO REFERENCIAL

A reconstrução é a operação responsável pela manutenção em foco, no modelo de discurso, de objetos previamente introduzidos, dando origem as cadeias referenciais ou coesivas, responsáveis pela progressão referencial do texto. Pelo fato de o objeto encontrar-se ativado no modelo textual, ela pode realizar-se por meio de recursos de ordem gramatical (pronomes, elipses, numerais, advérbios locativos etc.), bem como por intermédio de recursos de ordem lexical (reiteração de itens lexicais, sinônimos, hiperônimos, nomes genéricos, expressões nominais etc.), como foi visto no capítulo "Princípios de construção textual do sentido".

Podem-se, pois, distinguir as seguintes estratégias de referenciação textual:

a) *uso de pronomes*;
b) *uso de expressões nominais definidas*;
c) *uso de expressões nominais indefinidas*.

A referenciação por intermédio de formas pronominais, que foi sempre descrita na literatura linguística como *pronominalização* (anafórica ou catafórica) de elementos cotextuais, possui, em se tratando da fala, características próprias: ela pode ocorrer sem um referente co-textual explícito, como se pode verificar no exemplo seguinte:

(6) Não houve entendimento com a editora. Os direitos autorais que *eles* queriam pagar eram simplesmente vergonhosos.

Denominam-se *expressões ou formas nominais definidas* as formas linguísticas constituídas, minimamente, de um determinante definido seguido de um nome.

Podem-se, de início, mencionar dois tipos distintos dessas formas: *as descrições definidas* e *as formas nominalizadas* (nominalizações), de que tratamos acima. Apothéloz & Chanet (1997) propõem denominar *nominalização* ao tipo de operação discursiva e *substantivo predicativo* ao lexema utilizado como nome-núcleo dessa construção. As *descrições nominais definidas*, por sua vez, caracterizam-se por operar uma seleção, dentre as diversas propriedades de um referente – reais, co(n)textualmente determinadas ou intencionalmente atribuídas pelo locutor –, daquela ou daquelas que, em dada situação de interação, são relevantes para os propósitos do locutor.

São as seguintes as configurações que podem assumir as expressões referenciais definidas em português:

Det. + Nome
Det. + Modificador(es) + Nome + Modificador(es)

$$\text{Det} \left\{ \begin{array}{l} \text{Artigo definido} \\ \text{Demonstrativo} \end{array} \right\}$$

$$\text{Modificador} \left\{ \begin{array}{l} \text{Adjetivo} \\ \text{SP} \\ \text{Oração relativa} \end{array} \right\}$$

Em se tratando de retomada textual por meio de nominalizações, pode ocorrer a ausência do determinante, casos em que, em geral, o nome-núcleo vem acompanhado de um modificador, frequentemente sob a forma de oração relativa ou, em certos casos, seguido (e não antecedido) do demonstrativo ou de um indefinido, bem como, ainda, de uma estrutura comparativa.

Conforme dissemos, o uso de uma descrição definida implica sempre uma escolha dentre as propriedades ou qualidades capazes de caracterizar o referente, escolha esta que será feita, em cada contexto, em função do projeto de dizer do produtor do texto (Koch 1984, 1989, 1992, 1997). Trata-se, em geral, da ativação, dentre os conhecimentos pressupostos como partilhados com o(s) interlocutor(es) (isto é, a partir de um *background* tido por comum), de características ou traços do referente que o locutor procura ressaltar ou enfatizar. Veja-se o exemplo (7) abaixo:

> (7) Chega a ser cômico o viés de certos formadores de opinião ao celebrar as virtudes do modelo neoliberal. Parecem mais interessados em atenuar o desgaste causado pela crise global a suas teses do que em achar meios civilizados de neutralizar os estragos que vêm por aí.
> *O elogio do milagre americano* deixa o leitor incauto com a impressão de que a crise tem pouco a ver com *a economia dominante no mundo* /.../ A conjuntura de inflação e desemprego simultaneamente baixos /.../ não vai durar para sempre /.../ *O próprio czar do Federal Reserve, Alan Greenspan*, reclama da exuberância irracional do mercado de capitais dos Estados Unidos. /.../ ("Os ganhos da bolha", *Folha de S.Paulo*, 22 set. 1998, p. 2/2).

A escolha de determinada descrição definida pode trazer ao leitor/ouvinte informações importantes sobre as opiniões, crenças e atitudes do produtor do texto, auxiliando-o na construção do sentido. Por outro lado o locutor pode também ter o objetivo de, pelo uso de uma descrição definida, sob a capa do dado, dar a conhecer ao interlocutor, com os mais variados propósitos, propriedades ou fatos relativos ao referente que acredita desconhecidos do parceiro, como no exemplo (8), em que o que o locutor parece, na verdade, anunciar o que o governo vai publicar:

(8) Têm corrido rumores de que o governo estuda medidas severas para contornar a crise. Na verdade, *o pacote fiscal* a ser editado nos próximos dias irá aumentar ainda mais o desemprego no país.

O emprego de expressões nominais anafóricas opera, em geral, a recategorização dos objetos de discurso, isto é, tais objetos vão ser reconstruídos de determinada forma, de acordo com o projeto de dizer do enunciador. É o que ocorre, no exemplo (1), nas expressões "O Caubói Aloprado" e "essa nova edição de guerra santa, do terrorismo do bem contra o terrorismo do mal".

FUNÇÕES COGNITIVO-DISCURSIVAS DAS EXPRESSÕES NOMINAIS REFERENCIAIS

Pesquisas têm mostrado que as expressões nominais referenciais desempenham uma série de funções cognitivo-discursivas de grande relevância na construção textual do sentido. Dentre elas, destaco aqui as seguintes:

Ativação/reativação na memória

Como formas de remissão a elementos anteriormente apresentados no texto ou sugeridos pelo cotexto precedente, elas possibilitam, como vimos, a sua (re)ativação na memória do interlocutor, ou seja, a *alocação ou focalização* na memória ativa (ou operacional) deste; por outro lado, ao operarem uma recategorização ou refocalização do referente; ou, em se tratando de nominalizações, ao encapsularem e rotularem as informações-suporte, elas têm, ao mesmo tempo, função predicativa. Trata-se, pois, de formas híbridas, referenciadoras e predicativas, isto é, veiculadoras tanto de informação dada como de informação nova. Schwarz (2000) denomina essa função de *tematização remática*.

Encapsulamento (sumarização) e rotulação

Esta é uma função própria particularmente das nominalizações que, conforme foi mencionado, sumarizam as informações-suporte contidas em segmentos precedentes do texto, encapsulando-as sob a forma de uma expressão nominal e transformando-as em objetos de discurso. Trata-se, nesses casos, segundo Schwarz (2000), de anáforas "complexas", que não nomeiam um referente específico, mas referentes textuais abstratos, como ESTADO, FATO, EVENTO, ATIVIDADE etc. São, como se pode ver, nomes-núcleo inespecíficos, que exigem realização lexical no cotexto. Essa especificação contextual, efetuada a partir das proposições-suporte, veiculadoras das informações relevantes, vai constituir uma seleção particular e única dentre uma infinidade de lexicalizações possíveis. A interpretação dessas anáforas obriga o receptor não só a pôr em ação a estratégia cognitiva de formação de complexos (Müsseler & Rickheit, 1990), como ainda lhe exige a capacidade de interpretação de informação adicional. Tais expressões nominais, que são, em sua maior parte, introduzidas por um demonstrativo, desempenham, assim, duas funções: *rotulam* uma parte do cotexto que as precede (*x* é um acontecimento, uma desgraça, uma hipótese etc.) e estabelecem um novo referente que, por sua vez, poderá constituir um tema específico para os enunciados subsequentes. É esta a razão por que, frequentemente, aparecem em início de parágrafos.

Organização macroestrutural

Como bem mostra Francis (1994), as formas remissivas nominais têm uma função organizacional importante: elas sinalizam que o autor do texto está passando a um estágio seguinte de sua argumentação, por meio do fechamento do anterior, pelo seu encapsulamento em uma forma nominal. Possuem, portanto, uma importante função na introdução, mudança ou desvio de tópico, bem como de ligação entre tópicos e subtópicos. Ou seja, elas introduzem mudanças ou desvios do tópico, preservando, contudo, a continuidade tópica, ao alocarem a informação nova dentro do quadro da informação dada. Desta forma, são responsáveis simultaneamente pelos dois grandes movimentos de construção textual: *retroação* e *progressão*.

Assim sendo, como também apontam Apothéloz & Chanet (1997), as expressões referenciais efetuam a marcação de parágrafos, incrementando, desta forma, a estruturação do produto textual. Ressaltam que não se trata aqui de parágrafo no sentido tipográfico, mas no sentido cognitivo do termo, embora, evidentemente, as duas coisas frequentemente venham a coincidir. Observe-se o exemplo (9):

(9) O sucesso do ex-metalúrgico Luís Inácio Lula da Silva em sua quarta tentativa de chegar à Presidência da República representa mais do que o triunfo da persistência – é a vitória do improvável. (...)

Sua primeira tentativa eleitoral, para o governo de São Paulo, se deu em 1982 e foi um jato de água fria no entusiasmo do político iniciante. (...)

A ressaca, curtida em exílio doméstico na companhia de alguns poucos amigos e muita cachaça de cambuci, só passou três meses depois. (...)

Em 1989, *a situação* era diferente. Lula tinha chances reais de vencer Fernando Collor, mas, como se sabe, de novo perdeu. (...)

O terceiro fracasso ocorreu em 1994, em sua segunda tentativa de chegar à Presidência. (...)

("Lula muda a História", *IstoÉ*, 30 out. 2002, pp. 37-8.)

Atualização de conhecimentos por meio de glosas realizadas pelo uso de um hiperônimo

O uso de um hiperônimo com função anafórica pode ter a função de glosar um termo raro e, desta forma, atualizar os conhecimentos do interlocutor, como se pode ver em (10):

(10) Duas equipes de pesquisadores dos EUA relatam hoje descobertas que podem levar à produção de drogas mais eficientes contra o antraz. Para destruir *a bactéria*, os potenciais novos remédios teriam um alvo específico... (*Folha de S.Paulo*, 24 out. 2001, A-10) (exemplo adaptado).

Em (10), o sintagma nominal definido "a bactéria" pressupõe a unicidade existencial; ou seja, há uma e somente uma bactéria de que se fala nesse ponto do discurso. A sua presença em (10) resulta de uma inferência do tipo descendente, ou seja, a lei invocada para autorizar a inferência é a regra lexical que diz ser "bactéria" hiperônimo de "antraz". Mas nesse exemplo fica claro que só o conhecimento lexical é insuficiente para o processo inferencial: é preciso levar em conta também um conhecimento enciclopédico, principalmente, porque saber que "antraz" é uma "bactéria" exige um conhecimento especializado.

Pode-se, aqui, levantar uma questão: é possível, sem que se tenha o conhecimento lexical e/ou enciclopédico adquirido pela prática anterior da linguagem, "concluir" uma premissa geral, a saber, "antraz é uma bactéria"? Charolles (1999) aponta que, quando se lê um texto, não há necessariamente uma representação pré-construída de uma relação genérica, como, nesse exemplo, entre "antraz" e "bactéria". O próprio discurso pode levar o leitor a construir esse conhecimento genérico. Não há dúvida, porém, de que aquilo que se predica a respeito do referente desempenha papel crucial nessa construção. No exemplo em questão, a propriedade de "destruir uma bactéria" é atribuível a um ser humano ou a uma droga. Essa segunda alternativa é introduzida na sentença anterior por "produção de drogas mais eficientes contra o antraz". Ora, "droga eficiente contra (de combate a) algo" significa que a droga tem capacidade para exterminar o antraz. Como a segunda sentença diz que quem deve ser destruído é a bactéria, então "antraz = bactéria" (cf. Zamponi, 2003). O mesmo se dá no exemplo (11), com relação a *leishmaniose* e *doença*. Por sua vez, entre um verme e nematoide, tem-se uma paráfrase definicional, da qual se tratará logo a seguir.

(11) O novo aliado dos cientistas para deter a *leishmaniose* visceral tem menos de um milímetro de comprimento, mas é capaz de matar mosquitos que transmitem a *doença* antes que eles se reproduzam. Trata-se de *um verme* descoberto por pesquisadores da Fiocruz (Fundação Oswaldo Cruz), que pode se tornar uma arma biológica contra o inseto. O *nematoide* (tipo de verme cilíndrico, que ainda nem ganhou seu nome de espécie) foi encontrado pelos biólogos Paulo Pimenta e Nagela Secundino, do Centro de Pesquisa René Rachou, em Belo Horizonte ("Verme pode ajudar a deter leishmaniose", *Folha de S.Paulo*, 18 jan. 2003).

Em glosas por meio de um SN demonstrativo, é também comum o hiperônimo vir acompanhado de uma expansão adjetival de caráter classificatório, que vai permitir capturar o referente como uma subespécie, ao que Apothéloz Reichler-Béguelin (1995) denominam "hiperônimo corrigido". Veja-se o exemplo (12):

(12) O argônio é um elemento encontrado em diminuta proporção na atmosfera terrestre. *Este gás nobre incolor e inodoro* é utilizado no enchimento de lâmpadas elétricas.

Especificação por meio da sequência hiperônimo/hipônimo

Trata-se aqui da *anáfora especificadora*, que ocorre nos contextos em que se faz necessário um refinamento da categorização. Esse tipo de expressão anafórica é frequentemente introduzido pelo artigo indefinido, fato pouco registrado na literatura linguística e que vem sendo objeto de estudo de pesquisadores da Unicamp (Koch, Ilari, Lima, entre alguns outros). Embora de certa forma condenado pela norma (que prefere a sequência hipônimo/hiperônimo), este tipo de anáfora permite trazer, de forma compacta, informações novas a respeito do objeto de discurso, como em (13):

(13) *Uma catástrofe* ameaça uma das últimas colônias de gorilas da África. *Uma epidemia de Ebola* já matou mais de 300 desses grandes macacos no santuário de Lossi, no noroeste do Congo. Trata-se de uma perda devastadora, pois representa o desaparecimento de um quarto da população de gorilas da reserva.

Construção de paráfrases definicionais e didáticas

Certas paráfrases realizadas por expressões nominais podem ter por função elaborar definições, como se pode verificar em "'argonautas' → estes tripulantes da nau mitológica Argos", em (14);

(14) Vocês já ouviram falar dos argonautas? Pois conta-nos a lenda grega que *estes tripulantes da nau mitológica Argos* saíram à busca do Velocino de Ouro.

Exemplos como esse ilustram os efeitos que os autores chamam de "definicionais" e "didáticos", que propiciam, inclusive, a introjeção na memória de um léxico novo.

Nas anáforas definicionais, o *definiendum* ou o termo técnico é o elemento previamente introduzido, e o *definiens* é aportado pela forma anafórica, que pode vir acompanhada de expressões características da definição, como um tipo de, uma espécie de, como se pode ver no exemplo (11) (nematoide = tipo de verme cilíndrico) e em (15), a seguir.

(15) Entre os conjuntos musicais populares do Nordeste brasileiro encontram-se, ainda, as bandas de *pífaros*. É bastante curioso ouvir *esta espécie de flautim militar, que produz sons agudos e estridentes*.

A anáfora didática apresenta direção inversa: o *definiens situa-se na expressão introdutora*, ao passo que o *definiendum*, muitas vezes entre aspas, aparece na expressão referencial:

(16) Para orientar as manobras dos aviões, os aeródromos são dotados de aparelhos que indicam a direção dos ventos de superfície. *As birutas*, que têm a forma de sacola cônica, são instaladas perpendicularmente à extremidade de um mastro.

A vantagem dessa estratégia é permitir ao locutor adaptar-se simultaneamente às necessidades de dois públicos distintos. Permitindo definir um termo ou introduzir um vocábulo técnico da maneira mais concisa possível, esse tipo de anáfora torna-se um auxiliar importante dos gêneros didático e de divulgação científica.

Introdução de informações novas

• *por recurso a relações de parassinonímia*

É comum que a anáfora nominal introduzida por demonstrativos apreenda o referente sob uma denominação que constitui um sinônimo mais ou menos aproximado da designação presente no cotexto, trazendo, neste caso, informações inéditas a respeito do objeto de discurso, justamente por designá-lo por um novo nome que dificilmente seria previsível para destinatário, como ocorre em (17):

(17) A polêmica parecia não ter fim. Pelo jeito, *aquele bate-boca* entraria pela noite adentro, sem perspectivas de solução.

• *por novas caracterizações do referente*

Bastante frequente é, também, a introdução, por meio da anáfora nominal (definida ou indefinida), de novas informações a respeito do referente, com o intuito de caracterizá-lo de determinada maneira, como se pode ver em (18) e (19):

(18) O prefeito é especialmente exigente para liberar novos empreendimentos imobiliários, principalmente quando estão localizados na franja da cidade ou em áreas rurais (...) O crescimento urbano tem de ser em direção ao centro, ocupando os vazios urbanos e aproveitando a infraestrutura, não na área rural, que deve ser preservada, repete *o urbanista que entrou no PT em 1981 como militante dos movimentos populares por moradia* ("Quem matou Toninho do PT?", *Caros Amigos*, n. 78, set. 2003, p. 27).

(19) Acrescente-se a essa informação que, além de ser o primeiro genoma de um patógeno vegetal sequenciado no mundo, este é também o primeiro genoma sequenciado fora do eixo Estados Unidos-Europa-Japão, realização cujo mérito deve ser creditado à ONSA, *um instituto virtual formado por uma rede de 35 laboratórios conectados via Internet.* E relembre-se aqui que a X. *fastidiosa* é responsável pela praga do amarelinho ou clorose dos citros (CVC), *um problema que vem afetando um terço das plantas nos laranjais paulistas, com pesadas consequências econômicas para a poderosa citricultura do Estado* (Editorial, Pesquisa Fapesp, jan./fev. 2000).

Orientação argumentativa

A orientação argumentativa pode realizar-se pelo uso de termos ou expressões metafóricas (20) ou não (21). Trata-se de manobra lexical bastante comum, particularmente (mas não apenas) em gêneros opinativos:

(20) Cuido que ele ia falar, mas reprimiu-se. Não queria arrancar-lhe as ilusões. Também ele, em criança, e ainda depois, foi supersticioso, teve *um arsenal inteiro de crendices*, que a mãe lhe incutiu e que aos vinte anos desapareceram. No dia em que deixou cair toda *essa vegetação parasita*, e ficou só *o tronco* da religião, ele, como tivesse recebido da mãe ambos os ensinos, envolveu-os na mesma dúvida, e logo depois em uma só negação total. (...) (Machado de Assis, "A cartomante").

(21) O comportamento da imprensa norte-americana merece repúdio, não só da opinião pública internacional, mas sobretudo dos trabalhadores dos órgãos de comunicação de massa, que devem estar se sentindo ultrajados e violentados em seu código de ética. Manipulando informações, agachando-se às ordens do *psicopata travestido de presidente eleito de forma fraudulenta, vergonhosa e indecente, que se autodefine salvador do mundo*, causa asco *o exibicionismo desumano e narcisista com que a mídia americana mostra o genocídio praticado pelo governo norte-americano e seu escravo-mor, Tony Blair*, contra o povo iraquiano (*Caros Amigos*, Seção "Caros leitores", Marília Lomanto Veloso, Feira de Santana, BA).

Categorização metaenunciativa de um ato de enunciação

O uso de expressões nominais permite, muitas vezes, introduzir, no texto, o que Apothéloz (1995) denomina "objetos clandestinos", ou seja, apresentar – metaenunciativamente – não uma recategorização do conteúdo da predicação precedente, mas a categorização e/ou avaliação de um ato de enunciação realizado (exemplos 22 a 23):

(22) "O que falta é um *promoter* ter a iniciativa de trazer a gente para fazer uma turnê decente no Brasil." *A bronca* não é de nenhum *popstar* ou dinossauro do *rock* que ainda não pisou no país, mas do mineiro Max Cavalera, ex-vocalista do Sepultura e atual líder do Soulfly (*Folha de S.Paulo*, Folhateen, 26 mar. 2001, p. 5).

(23) Entrevista do presidente do TSE Nélson Jobim para a
Folha de S.Paulo:
Folha – Houve uma leitura no meio político de que o TSE
tomou a decisão [verticalização das coligações] por causa
da amizade entre o sr. e Serra. A verticalização beneficiaria
a pré-candidatura dele?
Jobim – Em primeiro lugar, a decisão não foi monocrá-
tica [individual]. Foi tomada por 5 a 2. *Esse pressuposto é*
equivocado. Por outro lado *essa afirmação não verdadeira*
parte também *desse paradigma político-eleitoral.* Ela parte
da ideia de que, como beneficia alguém, foi tomada com
esse objetivo. Isso não tem sentido (*Folha de S.Paulo*, 27
abr. 2002, A-6).

As questões aqui discutidas permitem corroborar a tese de que
os chamados "referentes" são, na verdade, objetos de discurso que
vão sendo construídos e reconstruídos durante a interação verbal. Os
objetos de discurso são, portanto, altamente dinâmicos, ou seja, uma
vez introduzidos na memória discursiva, vão sendo constantemente
transformados, reconstruídos, recategorizados no curso da progressão
textual. Confirma-se, assim, a postulação de Mondada (1994):

> O objeto de discurso caracteriza-se pelo fato de construir pro-
> gressivamente uma configuração, enriquecendo-se com novos
> aspectos e propriedades, suprimindo aspectos anteriores ou igno-
> rando outros possíveis, que ele pode associar com outros objetos
> ao integrar-se em novas configurações, bem como de articular-se
> em partes suscetíveis de se autonomizarem por sua vez em novos
> objetos. O objeto se completa discursivamente (p. 64).

FORMAS DE ARTICULAÇÃO TEXTUAL

As formas de articulação ou progressão textual constituem uma das questões que têm permeado as reflexões dos linguistas de texto desde os primeiros momentos (cf. capítulos "Análises interfrásticas e gramáticas do texto" e "A virada pragmática").

A progressão textual pode realizar-se por meio de atividades formulativas em que o locutor opta por introduzir no texto recorrências de variados tipos, entre as quais se podem destacar: reiteração de itens lexicais, paralelismos, paráfrases, recorrência de elementos fonológicos, de tempos verbais etc.

A reiteração ou repetição de itens lexicais tem por efeito trazer ao enunciado um acréscimo de sentido que ele não teria se o item fosse usado somente uma vez, já que não existe jamais uma identidade total de sentido entre os elementos recorrentes, ou seja, cada um deles traz consigo novas instruções de sentido que se acrescentam às do termo anterior.

(1)   Ela olhava ansiosa pela janela. Mas chovia, chovia, chovia...

No caso do paralelismo, o enunciado constrói-se com a utilização das mesmas estruturas sintáticas, preenchidas com itens lexicais diferentes. O paralelismo sintático é, frequentemente, acompanhado de um paralelismo rítmico ou similicadência:

(2)   (...) Se os olhos veem com amor, o corvo é branco; se com ódio, o cisne é negro; se com amor, o demônio é formoso; se com ódio, o anjo é feio; se com amor, o pigmeu é gigante; se com ódio, o gigante é pigmeu (...) (Pe. Antônio Vieira, "Sermão da Quarta-Feira").

Se, no paralelismo, há recorrência de estruturas sintáticas preenchidas com elementos lexicais diferentes, tem-se, na paráfrase, um mesmo conteúdo semântico apresentado sob formas estruturais diferentes.

Cabe ressaltar, porém, que, da mesma forma que na recorrência de termos, a cada reapresentação do conteúdo ele sofre alguma alteração, que pode consistir, muitas vezes, em ajustamento, reformulação, desenvolvimento, síntese ou precisão maior do sentido primeiro. Cada língua possui uma série de expressões linguísticas introdutoras de paráfrases, como: *isto é, ou seja, quer dizer, ou melhor, em outras palavras, em síntese, em resumo* etc. (cf. capítulo "As marcas de articulação na progressão textual"). Por exemplo:

(3) (...) Atribuir características negativas aos que nos cercam significa ressaltar nossas qualidades, reais ou imaginárias. Quando passamos da ideia à ação, *isto é*, quando não apenas dizemos que o outro é inferior, mas agimos como se de fato ele o fosse, estamos discriminando as pessoas e os grupos por conta de uma característica que atribuímos a eles.

Em se tratando da recorrência de recursos fonológicos segmentais e/ou suprassegmentais, tem-se a existência de uma invariante fonológica, como igualdade de *metro, ritmo, rima, assonâncias, aliterações* etc.

(4) Cessa o teu canto!
Cessa, que, enquanto o ouvi,
Ouvia uma outra voz
Como que vindo dos interstícios
Do brando encanto
Com que o teu canto vinha até nós (...)
(Fernando Pessoa)

Por fim, a recorrência, por ocasião da progressão textual, de um mesmo tempo verbal pode trazer indicações ao leitor/ouvinte sobre se a sequência deve ser interpretada como comentário ou como relato, se a perspectiva é retrospectiva, prospectiva ou zero, ou, ainda, se se trata de primeiro ou segundo plano, no relato. Veja-se o exemplo (5), em que o primeiro parágrafo estabelece o segundo plano da narrativa (verbos no pretérito imperfeito do indicativo) e, no segundo parágrafo, o uso do pretérito perfeito assinala a mudança para o primeiro plano:

> (5) O luar iluminava a paisagem fantástica. Ouvia-se o coaxar dos sapos e o trilar dos grilos. O ar embalsamado e o cintilar das estrelas convidavam ao romance.
> De súbito, vindo não se sabe de onde, um grito cortou a magia da noite.

A presença de elementos de recorrência num texto produz quase sempre um efeito de intensificação, de ênfase, isto é, tem função retórica. "Martela-se" na cabeça do ouvinte/leitor, repetindo palavras, estruturas, conteúdos semânticos, recursos sonoros etc., de tal modo que a mensagem se torne mais presente em sua memória – não é o que faz a propaganda? – e ele acabe por criar um hábito ou aceite sua orientação argumentativa.

Por outro lado, pode haver progressão textual sem recorrências estritas, na qual a continuidade de sentido é garantida por outros recursos ou procedimentos linguísticos. Tais recursos constituem-se, também, em fatores de coesão textual e interferem de maneira direta na construção da coerência na medida em que garantem a manutenção do tema, a progressão temática, o estabelecimento de relações semânticas e/ou pragmáticas entre segmentos maiores ou menores do texto, a ordenação e articulação de sequências textuais (para um aprofundamento dessas questões, cf. Koch, 1989, 1997). Passemos a examinar os mais importantes desses procedimentos.

USO DE TERMOS PERTENCENTES A UM MESMO CAMPO LEXICAL

Uma das formas de garantir a continuidade de sentidos no texto é o uso de termos que fazem parte de um mesmo campo lexical, isto é, cujos referentes, em termos cognitivos, pertencem a um mesmo *frame* ou *script*. A ativação de elementos componentes do mesmo esquema cognitivo, por meio da utilização de termos de um mesmo campo lexical, é responsável pela manutenção do tema ou tópico discursivo, como se pode ver no exemplo a seguir:

(6)   A estação estava apinhada de gente. Trens chegavam e partiam de instante a instante. *Carregadores* com carrinhos cheios de *malas* tropeçavam uns nos outros. O silvo dos *apitos* e o burburinho dos *viajantes* eram ensurdecedores. Como poderia encontrar ali a moça recém-chegada que eu deveria conduzir à estalagem?

ENCADEAMENTOS DE ENUNCIADOS

Um importante mecanismo de progressão textual consiste no encadeamento de enunciados por *justaposição*, com ou sem articuladores explícitos, ou por *conexão* (com a presença de conectores).

Encadeamento por justaposição

Como já foi mencionado, diferentemente do que acontecia em outros países, uma das tônicas do período em tela entre os estudiosos da Linguística Textual na Alemanha foi o estudo dos encadeamentos por simples justaposição. Isenberg (1968), por exemplo, para quem a interpretação desses enunciados é explicável por uma teoria linguística do texto, distingue, entre outros, os seguintes tipos do que denomina *textualização* (*Vertextung*):

Conexão causal:

(7)   A lâmpada não acende. A corrente elétrica está interrompida.

Conexão de motivos:

(8)   João desceu à adega. Ele foi buscar uma garrafa de vinho.

Interpretação diagnóstica:

(9)   Geou durante a noite. Os canos de aquecimento estão rachados.

Especificação:

(10)   Aconteceu um desastre. José atropelou uma criança.

Agrupamento metalinguístico ("metatematização"; indicação de um denominador comum, segundo Lang [1971]):

(11) Meu irmão ganhou um cachorro. Minha tia quebrou a perna. A cozinheira faltou. Fiquei sabendo de tudo isso ao chegar em casa à noite.

Em (11), somente o último enunciado é que vai fornecer o ponto de referência comum para a interpretação da sequência como um texto.

Conexão temporal:

(12) O atacante avança. Um jogador adversário impede-lhe a passagem e tira-lhe a bola...

Conexão de pressupostos:

(13) As crianças foram tomar sorvete. Alguém deve ter-lhes dado o dinheiro.

Contraste adversativo:

(14) Maria é uma garota simpática. Seu irmão, pelo contrário, é muito carrancudo.

Correção de asserções precedentes:

(15) Aí, Maria viu João. Não, foi João que viu Maria.

Comentário:

(16) Os índices de desemprego continuam altos. É um escândalo.

Confronto/comparação:

(17) Luís tem cabelos compridos. Seu irmão os tem ainda mais longos.

Também Lang (1971), ao argumentar a favor da necessidade de uma gramática de texto, mostra que, em muitos casos, a interpretação de um texto só é possível quando se considera a existência de um elo entre enunciados, não explícito no texto, mas explicitável a partir dele. O autor discute os seguintes exemplos:

(18) Geou e as flores estão congeladas.
(19) As flores estão congeladas porque geou.
(20) Geou, pois as flores estão congeladas.

Enquanto em (18) e (19) existe uma relação causal entre os dois enunciados, em (20) o primeiro enunciado contém uma inferência indutiva, que ele denomina "interpretação diagnóstica", já que é preciso inserir entre os dois enunciados o elo *concluo que*. A forma linguística explícita seria:

(20') As flores estão congeladas. Concluo que deve ter geado.

Da mesma forma, em:

(21) Suma daqui, que estou cansado!

o segundo enunciado não modifica o primeiro, mas, sim, um performativo implícito, de modo que a forma explícita seria:

(21') Porque estou cansado, ordeno-te que sumas daqui.

A justaposição, contudo, não se restringe aos tipos acima mencionados, já que pode ser realizada também com o uso de elementos de articulação temporais, espaciais, lógico-semânticos e discursivos que não constituam conectores propriamente ditos (cf. Koch, 1989, 1992, 2002). É o caso dos exemplos a seguir:

(22) *O casal* brigava muito e *acabaram* se separando. *Durante muito tempo, ficaram* sem se ver. *Certo dia*, porém, encontraram-se casualmente numa recepção. *Poucos dias depois*, estavam novamente juntos.

(23) Caminhávamos pela estrada deserta. *De um lado*, plantações estendiam-se a perder de vista. *Do outro lado*, um bosque cerrado impedia a visão. *À nossa frente*, só terra e pó.

(24) O prefeito andava sempre doente. *Por esta razão*, o município encontrava-se praticamente abandonado.

(25) O reitor não compareceu à manifestação. *Com toda a certeza*, estava tentando esquivar-se das críticas.

Encadeamento por conexão

O encadeamento por conexão ocorre quando do uso de conectores dos mais diversos tipos. Também neste caso as relações estabelecidas entre enunciados podem ser de cunho lógico-semântico ou discursivo-argumentativo (cf. Koch, 1984, 1987, 1989, 1992, 2002). Contemplam-se aqui não apenas as conjunções propriamente ditas, mas também locuções conjuntivas, prepositivas e adverbiais que têm por função interconectar enunciados. Existem, inclusive, autores que estabelecem distinção entre as categorias de *coesão*, que seria apenas a referencial, e *conexão*, como é o caso de Charolles (1978).

São exemplos de relações lógico-semânticas:

Causalidade:

(26) Nosso candidato foi derrotado porque houve infidelidade partidária.

(27) Nosso time lutou tanto que acabou vencendo o jogo.

Visto que a noção de causalidade encerra necessariamente dois argumentos – a causa e a consequência –, tanto (26) como (27) são expressões da causalidade. A diferença, portanto, é apenas de ordem sintática, estrutural (cf. Koch, 1987, 1989, 2002).

Mediação (causalidade intencional):

(28) Farei o que estiver ao meu alcance para que nosso plano seja coroado de sucesso.

Condicionalidade:

(29) Se os resultados forem positivos, poderemos pedir prorrogação do prazo para a pesquisa.

Temporalidade:

(30) Quando você chegar ao aeroporto, avise-me, que irei buscá-la (tempo pontual).

(31) Depois que você terminar o serviço, venha até aqui (tempo posterior).

(32) Antes que chova, vou recolher as roupas que estão no varal (tempo anterior).

(33) Enquanto você termina o trabalho, vou regar as plantas (tempo simultâneo).

(34) À proporção que os recursos forem chegando, faremos os investimentos necessários (tempo progressivo).

Conformidade:

(35) Os investimentos deverão ser feitos conforme o programa preestabelecido.

Disjunção:

(36) Ontem a seleção brasileira enfrentou a Argentina. Ganhamos? Ou perdemos?

A distinção entre relações lógico-semânticas e discursivo-argumentativas tem sua origem nos trabalhos de Ducrot (1972, 1973, 1976, 1980, entre outras). Entre as relações discursivo-argumentativas, por meio das quais se encadeiam atos de fala em que se enunciam argumentos a favor de determinadas conclusões, podem-se destacar as seguintes:

Conjunção (soma) de argumentos:

(37) A equipe brasileira deverá vencer a competição. Não só possui os melhores atletas, como também o técnico é dos mais competentes. Além disso, tem treinado bastante e está sendo apontada pela imprensa como a favorita.

Disjunção argumentativa (tem o efeito de uma provocação/conclamação do interlocutor a uma concordância):

(38) Acho que você deve reivindicar o que lhe é devido. Ou vai continuar se omitindo?

Justificação ou explicação, por meio de um novo ato de fala, de um ato de fala anterior (e não simplesmente de seu conteúdo proposicional):

(39) Prefiro não sair, pois estou um pouco gripada.
(40) Vá ver o filme, que você vai gostar!

Comparação (estabelece confronto entre dois elementos, tendo em vista determinada meta a ser alcançada):

(41) Acho que não há necessidade de convocar o Plínio. O Mário é tão competente quanto ele.

Conclusão (a partir de uma premissa maior geralmente implícita e de uma premissa menor explícita, extrai-se uma conclusão):

(42) Já temos toda a documentação necessária. Portanto, podemos encaminhar o projeto imediatamente.

Comprovação (o locutor apresenta provas de que sua asserção é verdadeira):

(43) A sessão foi muito demorada. Tanto que a maior parte dos presentes começou a retirar-se.

Generalização:

(44) Lúcia ainda não sabe que carreira pretende seguir. Aliás é o que está acontecendo com grande número de jovens na fase pré-vestibular.

Modalização da força ilocucionária:

(45) Vou entregar hoje os resultados da perícia. *Ou melhor*, vou fazer o possível.

Correção:

(46) O professor não me parece muito compreensivo. *De fato* (*na verdade, pelo contrário*), acho que deve ser rigorosíssimo.

Reparação:

(47) Irei à sua festa de aniversário. *Isto é*, se eu for convidado.

Especificação ou exemplificação:

(48) Muitos de nossos alunos estão desenvolvendo pesquisas no exterior. *Por exemplo* (a saber), Mariana está na França e Marcelo, na Alemanha.

Contrajunção (oposição, contraste de argumentos):

Estabelece-se não penas entre segmentos sucessivos, mas também entre sequências mais afastadas, entre parágrafos ou porções maiores do texto e mesmo entre conteúdos explícitos e implícitos, como se pode ver nos exemplos a seguir:

(49) Lutou arduamente durante toda a vida. Mas não conseguiu realizar o seu projeto.

(50) O jovem fez muitos planos para o casamento, pois amava muito a noiva e queria fazê-la feliz. Tudo corria às mil maravilhas. A data já estava marcada e os preparativos corriam céleres. Mas, de uma hora para outra, o castelo desmoronou.

(51) Aguardava, ansiosa, o momento da partida. Aflita, aproximou-se da janela. Mas a chuva persistia.

Além dos articuladores "adversativos", também os "concessivos" exercem a mesma função:

(52) Embora nada tivesse de seu, nunca reclamava e era feliz.

(53) Apesar de ser atencioso e prestativo, não gozava da simpatia dos colegas.

A diferença, na verdade, está no tipo de estratégia argumentativa utilizada, e não na relação semântica em si: pode-se dizer que, quando do emprego de uma adversativa, o locutor põe em ação a "estratégia do suspense", protelando o momento de deixar claro a qual dos argumentos ele adere; ao passo que, ao usar uma concessiva, ele assinala, por antecipação, o argumento que pretende destruir, o argumento (possível), mas que, em sua opinião, "não vale" (Koch, 1984,1992; Guimarães, 1981).

O estudo das relações discursivo-argumentativas, que são as responsáveis pela estruturação dos enunciados em textos, tem sido de indiscutível importância para a melhor compreensão do funcionamento textual desde os primórdios da Linguística Textual até os nossos dias.

A progressão temática

As relações entre segmentos textuais estabelecem-se em vários níveis: no interior do enunciado, o relacionamento se dá em termos da articulação tema-rema, que foi objeto central de estudo da Escola de Praga (*Perspectiva Funcional da Frase*). A informação temática é normalmente dada, enquanto a remática constitui, em geral, informação nova. A progressão temática, de um enunciado para outro, realiza-se de diversas maneiras, descritas primeiramente por Daneš (1974): progressão com tema constante, progressão linear, progressão com tema derivado, progressão por subdivisão do rema, progressão com salto temático. O uso de um ou outro tipo tem a ver com o tipo de texto, com a modalidade (oral ou escrita), com os propósitos e atitudes do produtor. Observem-se os exemplos:

Tema constante:

(54) As árvores são de extrema importância para o homem. Elas produzem flores, que embelezam a paisagem, e frutos, de que nos alimentamos. Fornecem sombra ao viajor cansado e favorecem a evaporação do vapor d'água. As árvores merecem proteção e cuidados.

Com progressão linear:

(55) Era uma vez um pobre mendigo. O mendigo tinha um cachorro. O cachorro segurava na boca um chapéu velho e ajudava a apanhar as moedas que algumas almas caridosas jogavam.

Por subdivisão ("explosão", conforme Maingueneau, 1996) de um hipertema:

(56) O Brasil está dividido em cinco regiões geopolíticas. A região Norte compreende a parte do território ocupada pela Floresta Amazônica. A região Nordeste tem grande parte atingida por secas periódicas. A região Sudeste é a mais industrializada. A região Sul recebeu maior número de imigrantes europeus. Na região Centro-Oeste localiza-se Brasília, a capital do país.

Por subdivisão do rema:

(57) Os pronomes ditos pessoais dividem-se em dois grupos. O primeiro é constituído pelos pronomes da pessoa, que nomeiam os sujeitos da enunciação e são, portanto, exofóricos, isto é, não coesivos; o segundo é o dos pronomes da não pessoa, que designam os seres a que os sujeitos fazem referência e que funcionam coesivamente.

Com salto temático:

(58) Chegou à cidade um jovem cientista. O cientista alugou uma mansão enorme. A mansão possuía um belo jardim. (Ø) Plantado com todo o esmero, chamava a atenção dos passantes pela beleza de suas flores.

É preciso ressaltar que dificilmente se encontra em um texto um único tipo de progressão temática. Elas se combinam para dar ao texto a organização desejada.

Contudo, haveria certas "preferências" de determinados tipos de sequência textual por determinado tipo de progressão temática: a progressão com tema constante adapta-se com perfeição às sequências descritivas; a progressão com subdivisão do tema ou do rema é bastante apropriada às sequências expositivas ou argumentativas (*stricto sensu*). Já a progressão linear (inclusive a com salto temático) é comum a todos os tipos de texto, exercendo importante papel na estruturação textual.

É interessante, por exemplo, para a construção de textos, pensar a progressão temática linear, como o faz Giora (1983), em níveis mais amplos de análise, ou seja, entre períodos, parágrafos, estrofes de poemas, sequências textuais e capítulos inteiros de romances.

Giora mostra que a segmentação em vários níveis do texto – linha, sentença, parágrafo, capítulo, estrofe – pode afetar as relações de figura/ fundo em dado segmento e distingue os seguintes casos:

1) A segmentação do poema em versos e estrofes permite introduzir material novo na posição final para tematizá-la a seguir: o tema do segmento n+1 é repetição de informação já introduzida na parte remática n (portanto, em *foreground*) do enunciado anterior:

> (59) Cheguei. Chegaste. Vinhas fatigada
> E triste, e triste e fatigado eu vinha.
> Tinhas a alma de sonhos povoada,
> E a alma de sonhos povoada eu tinha...
> (Olavo Bilac, "Nel mezzo del camin", in *Sarças de fogo*)

2) Segmentação no nível do verso ou construção simultânea rema-tema (*enjambement*):

> (60) Sou caipira Pirapora Nossa
> Senhora de Aparecida
> Que ilumina a mina escura e funda
> O trem da minha vida
> (Renato Teixeira, "Romaria")

3) Concatenação via remas concorrentes na prosa:

> (61) A trágica notícia não abalou as pessoas presentes e, certa-mente, não a Maria, que continuou a fazer seu trabalho, cantando alegremente.

Dois elementos concorrem na posição de rema-novo (N-Rema, cf. Fries, 1994) do primeiro segmento, ou seja, elementos finais do rema dotados de maior dinamismo comunicativo. O segundo deles – Maria – é também o tema do segmento seguinte do texto.

4) Introdução de um novo tema em posição final de estrofe, no poema, ou de parágrafo, na prosa: um dos versos de uma estrofe repete-se como o primeiro da estrofe seguinte ou o enunciado final de um parágrafo repete-se como o segmento inicial do parágrafo seguinte. A recorrência, aqui, serve como recurso coesivo. É o que acontece no poema "Pantum", de Olavo Bilac:

> (62) Quando passaste, ao declinar do dia,
> Soava na altura indefinido arpejo:
> Pálido, o sol do céu se despedia,
> Enviando à terra o derradeiro beijo.
>
> Soava na altura indefinido arpejo...
> Cantava perto um pássaro, em segredo;
> E, enviando à terra o derradeiro beijo,
> Esbatia-se a luz pelo arvoredo.
>
> Cantava perto um pássaro em segredo;
> Cortavam fitas de ouro o firmamento...
> Esbatia-se a luz pelo arvoredo:
> Caíra a tarde; sossegara o vento.
>
> Vinha, entre nuvens, o luar nascendo:
> A terra toda em derredor dormia...
> E eu inda estava a tua imagem vendo,
> Quando passaste ao declinar do dia!
> (in *Sarças de fogo*)

5) Introdução de um personagem em posição remática no final de um capítulo, que vai tornar-se o tema do capítulo seguinte (recurso bastante utilizado, por exemplo, por Lewis Carrol, em *Alice no país das maravilhas*). Veja-se o final do capítulo 4 e o início do capítulo 5:

(63) Ela [Alice] esticou-se na ponta dos pés e espiou sobre a borda do cogumelo, e seus olhos imediatamente encontraram os de *uma grande lagarta azul* que estava sentada sobre ele, com os braços dobrados, fumando tranquilamente um longo *hooka*, sem tomar o menor conhecimento dela ou do que quer que seja.

A Lagarta e Alice olharam uma para a outra por algum tempo em silêncio: por fim, a Lagarta tirou o *hooka* da boca e dirigiu-se a ela com uma voz lânguida.

Observe-se, também, o final do segundo capítulo e o início do terceiro capítulo do conto "A igreja do diabo", de Machado de Assis:

(64) O Diabo sentiu, de repente, que se achava no ar; dobrou as asas e, como um raio, caiu na terra.

Uma vez na terra, o Diabo não perdeu um minuto.

Outra acepção de progressão temática diz respeito ao avanço do texto por meio de novas predicações sobre os elementos temáticos (dados ou inferíveis do cotexto). É nesse sentido que, na referenciação por meio de anáforas indiretas (inclusive as anáforas associativas), bem como nos casos de encapsulamento por nominalização, ocorre o que Schwarz (2000) denomina "tematização remática".

Incluem-se também aqui os diversos tipos de encadeamento entre enunciados, quer por justaposição (parataxe), quer por conexão, já descritos acima. O encadeamento por conexão de segmentos textuais de qualquer extensão (períodos, parágrafos, partes inteiras do texto) realiza-se por intermédio dos articuladores textuais, os quais, conforme será visto mais adiante, podem não só relacionar elementos de conteúdo ou ter funções de organização textual, como também exercer papel metaenunciativo.

O emprego adequado dos articuladores é também garantia de continuidade temática, na medida em que ficam explicitadas as relações entre os segmentos textuais que interligam, quer as de tipo lógico-semântico, quer as de caráter discursivo-argumentativo.

Progressão tópica

Um texto compõe-se de segmentos tópicos, direta ou indiretamente relacionados com o tema geral ou tópico discursivo. Um segmento tópico, quando introduzido, mantém-se por um determinado tempo, após o qual, com ou sem um intervalo de transição (*transition span*, cf. Goutsos, 1996), vai ocorrer a introdução de um novo segmento tópico.

A progressão tópica pode ser feita de maneira contínua ou descontínua. Isto é, após o fechamento de uma sequência tópica, tem-se continuidade, quando ocorre a manutenção do tópico em andamento ou, então, mudança tópica (*shift*); caso ocorra uma quebra ou ruptura antes do fechamento de um segmento tópico, tem-se a descontinuidade tópica, provocada pelo que se costuma denominar de segmentos ruptores ou digressivos.

A equipe responsável pelo estudo da organização textual-interativa, no bojo do Projeto "Gramática do Português Falado" (cf. Jubran et al., 1992), descreveu o tópico como porção textual que se caracteriza por:

1) **centração**: primeira propriedade definidora do tópico, que abrange os seguintes traços:

   b) concernência: relação de interdependência semântica entre os enunciados – implicativa, associativa, exemplificativa ou de qualquer outra ordem – pela qual se dá sua inserção num conjunto de referentes explícitos ou inferíveis que se encontram ativados em determinado momento do discurso;

   c) relevância: proeminência desse conjunto de referentes em determinado segmento textual, em virtude da posição focal assumida pelos seus elementos;

   d) pontualização ou delimitabilidade: possibilidade de localização desse conjunto tido em dado momento como focal em determinado ponto do texto, através de marcas linguístico-discursivas.

2) **organicidade**: manifestada pela natureza das articulações que um tópico tem com outros na sequência discursiva, bem como pelas relações hierárquicas entre tópicos mais ou menos abran-

gentes: supertópicos, quadros tópicos, subtópicos, segmentos tópicos, segmentos de tópico. Desta forma, o tópico é concebido como uma unidade abstrata, relacional (Jubran et al., 1992; Koch, 1992).

No que diz respeito à distribuição de tópicos na linearidade discursiva, Jubran (1993) estabelece as noções de continuidade e descontinuidade tópicas. Nos termos dessa autora, *a continuidade decorre de uma organização sequencial dos segmentos tópicos, de forma que a abertura de um apenas se dá após o fechamento de outro, precedente* (p. 364). Assim, a mudança de tópico, nas situações em que não se projetam mais possibilidades de desenvolvimento do tema anterior, não se caracteriza como descontinuidade.

A descontinuidade tópica, segundo Jubran (1993),

> decorre de uma perturbação da sequencialidade linear, verificada na seguinte situação: um tópico introduz-se na linha discursiva antes de ter sido esgotado o precedente, podendo haver ou não o retorno deste, após a interrupção. Nos casos em que há retorno, temos os fenômenos de inserção e alternância; nos casos em que não há retorno, temos a ruptura ou corte (p. 65).

A inserção é, para essa autora, a interpolação, no tópico em desenvolvimento, de segmentos conversacionais de natureza e extensões variadas, não atinentes ao assunto em pauta naquele ponto da conversação. Vestígios de tópicos já abordados ou a projeção de tópicos posteriores são também considerados inserções. Já as alternâncias, que para Jubran são a divisão de um tópico em partes intercaladas, são variantes da inserção, uma vez que tem, como esta, a propriedade de serem uma interpolação no tópico que se desenvolve, provocando uma descontinuidade provisória e indicando, também, o revezamento de dois tópicos.

De acordo com Jubran et al. (1992), a mudança de tópico pode ocorrer de três formas: após a finalização do anterior, de forma gradativa; por meio de tópicos de transição, que não se encaixam, portanto, em nenhum outro (nesse caso, a associação entre tópicos é explicada pelo falante); e pela ruptura, sem que haja, dessa forma, esgotamento do anterior.

Vê-se, assim, que a progressão tópica se realiza pelo encadeamento dos tópicos nos diversos níveis de organização tópica (cf. também Koch, 1992).

Para que um texto possa ser considerado coerente, contudo, é preciso que apresente continuidade tópica, ou seja, que a progressão tópica – no nível sequencial ou no hierárquico – se realize de forma que não ocorram rupturas definitivas ou interrupções excessivamente longas do tópico em andamento: inserções e digressões desse tipo necessitam de algum tipo de justificação, para que a construção do sentido e, portanto, da coerência, não venha a ser prejudicada. Isto é, a topicalidade constitui um princípio organizador do discurso.

Goutsos (1996) salienta que uma tarefa importante do produtor do texto é indicar a descontinuidade dentro da continuidade mais ampla que se espera do texto, ou seja, cumpre-lhe monitorar a interação discursiva em termos de sequecialização e segmentar o discurso em blocos, indicando suas fronteiras, isto é, sinalizar a descontinuidade porventura existente entre eles.

O autor pergunta ainda se haveria necessidade de sinalizar também a continuidade, especialmente por se tratar do caso *défault* na interpretação, de acordo com o Princípio da Analogia (Brown & Yule, 1983). Segundo ele, a sinalização da continuidade cria redundância no texto, o que reduz o esforço exigido do leitor, assegurando-lhe que está no caminho certo e possibilitando-lhe ir adiante. Além disso, o reforço da continuidade faria ressaltar a descontinuidade, quando ela ocorresse.

É por todas essas razões que se fazem necessárias ao produtor do texto mobilizar, na sua construção, estratégias de continuidade e estratégias de mudança (*shift*).

Continuidade, portanto, envolve progressão. A progressão textual, por sua vez, necessita garantir a continuidade de sentidos, o constante ir-e-vir entre o que foi dito e o vir-a-ser dito responsável pelo entretecimento dos fios do discurso. E, para viabilizar o constante movimento de progressão e retroação, o produtor do texto dispõe de uma série de estratégias, entre as quais desempenham papel de relevância as destinadas a assegurar:

1) Continuidade referencial – a continuidade dos referentes ("objetos de discurso"), obtida por meio das cadeias referenciais, não permite que estes sejam "arquivados" na memória

de longo termo, mantendo-se em estado de ativação – em foco – na memória de trabalho, durante o processamento textual, mesmo quando "encapsulados" ou recategorizados.

2) Continuidade temática – o emprego de termos de um mesmo campo semântico/lexical mantém ativado o *frame* de que tais termos são representantes; por outro lado, em se tratando da progressão por encadeamento, o tipo de relacionamento que estabelece entre segmentos textuais e a explicitação de tais relações sempre que necessário permite ao interlocutor verificar que não se trata apenas de um aglomerado de frases isoladas, mas de um contínuo textual dotado de sentido.

3) Continuidade tópica – o uso destas estratégias garante a manutenção do supertópico e dos quadros tópicos em desenvolvimento, embora com a possibilidade de desvios ou mudanças (*shifts*) – já que os tópicos não são entidades estáticas, mas dinâmicas, podendo ocorrer alterações tópicas ou mesmo introdução de novos subtópicos ou segmentos tópicos, sem que isto venha a prejudicar a construção da coerência. Isto é, inserções tópicas e mesmo as chamadas "digressões", na grande maioria dos casos, não produzem rupturas de monta, mas, pelo contrário, servem frequentemente para garantir a construção da coerência (cf. Dascal & Katriel, 1979; Koch, 1999), a não ser nos raros casos de abandono total do tópico em curso.

Em conclusão, pode-se afirmar que há entre os conceitos aqui discutidos uma relação de inclusão: a progressão textual é garantida, em parte, pela progressão/continuidade tópica; esta engloba a progressão/continuidade temática que, por sua vez, repousa fortemente na progressão/continuidade referencial.

Desta maneira, no interior de uma concepção de texto como *evento comunicativo no qual convergem ações cognitivas, discursivas e sociais* (Beaugrande, 1997), progressão/continuidade referencial, progressão/continuidade temática, progressão/continuidade tópica devem ser vistas como resultado de estratégias – cognitivo-discursivas, sociointeracionais e de formulação textual (cf. o próximo capítulo) – postas em ação pelos sujeitos sociais, tendo em mira a construção textual dos sentidos.

ESTRATÉGIAS TEXTUAL-DISCURSIVAS DE CONSTRUÇÃO DO SENTIDO

As estratégias textual-discursivas, que constituem outro grande centro de interesse da Linguística Textual desde o final da década de 1980, dizem respeito às escolas operadas pelos produtores do texto sobre o material linguístico que têm à disposição, objetivando orientar o interlocutor na construção do sentido.

Conforme o que dissemos no capítulo "A virada cognitivista", ao adotar-se uma abordagem interacional de base sociocognitiva, postula-se que o processamento textual, quer em termos de produção, quer de recepção, é um processamento estratégico: os interactantes põem em ação um conjunto de estratégias de construção do sentido, entre as quais se contam as estratégias textual-interativas, que têm como objetivos, entre outros, facilitar a compreensão, introduzir esclarecimentos/ exemplificações, aumentar a força retórica do texto, dar relevo a certas partes dos enunciados, como também modalizar aquilo que é dito ou, por vezes, refletir sobre a própria enunciação. Desta forma, podem-se considerar três conjuntos dessas estratégias: as formulativas, as metaformulativas e as metadiscursivas.

ESTRATÉGIAS FORMULATIVAS

O estudo das estratégias formulativas ou textual-interativas ganhou grande impulso com as pesquisas sobre a língua falada. O texto falado apresenta-se "em se fazendo", isto é, em sua própria gênese, tendendo, pois, a "pôr a nu" o próprio processo da sua construção. Em outras palavras, ao contrário do que acontece com o texto escrito, em cuja elaboração o produtor tem maior tempo de planejamento, podendo fazer rascunhos, proceder a revisões e correções, modificar o plano previamente traçado, no texto falado planejamento e verbalização ocorrem simultaneamente, porque o texto falado emerge no próprio momento da interação: ele é o seu próprio rascunho, conforme foi evidenciado em diversos trabalhos do grupo *Organização textual-interativa*, vinculado ao Projeto "Gramática do Português Falado", cujos resultados encontram-se publicados numa série de oito volumes. Os resultados dessas pesquisas levaram os pesquisadores a voltar novamente seus olhos ao texto escrito, no intuito de estabelecer um paralelo entre tais manifestações em ambas as modalidades da língua.

São estratégias formulativas aquelas que se destinam a atuar na organização do texto, a fim de facilitar a compreensão dos enunciados pelo interlocutor e/ou provocar a sua adesão àquilo que é dito, visando a garantir, assim, o sucesso da interação. Entre elas podem citar-se as *inserções*, as *repetições* e os *parafraseamentos retóricos* e as *estratégias de relevo, focalização*, por meio do deslocamento de constituintes, empregadas pelo locutor. Todas essas estratégias desempenham uma série de funções cognitivo-interativas, que serão aqui exemplificadas em parte com excertos do *corpus* do Projeto Nurc* e, em parte, com material extraído da imprensa escrita e de textos literários. Como serão utilizados muitos exemplos de língua falada, apresentam-se aqui as normas de transcrição do Projeto Nurc (in *A linguagem falada culta na cidade de São Paulo*. Org. Dino Preti & Hudinilson Urbano. São Paulo: T. A. Queiroz/Fapesp, 1990, vol. IV):

---

* O *corpus* do Projeto "Norma Urbana Culta" (Nurc), que serviu de base às pesquisas do Projeto "Gramática do Português Falado", compõe-se de três tipos de inquéritos: elocuções formais (EF), entrevistas (DID) e diálogos entre tais informantes (D2), recolhidos em cinco capitais brasileiras: Recife, Salvador, Rio de Janeiro, São Paulo e Porto Alegre. Assim, a indicação das fontes consta de: tipo de inquérito, cidade, número do inquérito e linhas. Por exemplo: DID (entrevista), SP (São Paulo), 161 (número do inquérito): 342-51 (linhas).

Normas para transcrição dos exemplos

Ocorrência	Sinais	Exemplificação
Incompreensão de palavras ou segmentos	( )	do nível de renda... ( ) nível de renda nominal...
Hipótese do que se ouviu	(hipótese)	(estou) meio preocupado (com o gravador)
Truncamento (havendo homografia, usa-se acento indicativo da tônica e/ou timbre)	/	e comé/e reinicia
Entoação enfática	maiúsculas	porque as pessoas reTÊM moeda
Prolongamento da vogal e consoante (como s, r)	:: podendo aumentar para :::: ou mais	ao emprestarem os... éh::: ... o dinheiro
Silabação	-	por motivo tran-sa-ção
Interrogação	?	e o Banco... Central... certo?
Qualquer pausa	...	são três motivos... ou três razões... que fazem com que se retenha moeda... existe uma... retenção
Comentários descritivos do transcritor	(minúsculas)	((tossiu))
Comentários que quebram a sequência temática da exposição; desvio temático	- - - -	... a demanda de moeda -- vamos dar essa notação -- demanda de moeda por motivo
Superposição, simultaneidade de vozes	{ ligando as linhas	A. na { casa da sua irmã B. { sexta-feira? A. fizeram { lá B. { cozinharam lá
Indicação de que a fala foi tomada ou interrompida em determinado ponto Não no seu início, por exemplo.	(...)	(...) nós vimos que existem
Citações literais ou leituras de textos, durante a gravação	" "	Pedro Lima... ah escreve na ocasião... "O cinema falado em língua estrangeira não precisa de nenhuma baRREIra entre nós"...

(Exemplos retirados dos inquéritos Nurc/SP n. 338 EF e 331 D^2.)

Observações:

1) Iniciais maiúsculas: só para nomes próprios ou para siglas (USP etc.).
2) Fáticos: *ah, éh, eh, ahn, ehn, uhn, tá* (não por *está: tá?* você *está* brava?).
3) Nomes de obras ou nomes comuns estrangeiros são grifados.
4) Números: por extenso.
5) Não se indica o ponto de exclamação (frase exclamativa).
6) Não se anota o *cadenciamento da frase.*
7) Podem-se combinar sinais. Por exemplo: oh:::... (*alongamento* e *pausa*).
8) Não se utilizam sinais de *pausa*, típicos da língua escrita, como ponto-e-vírgula, ponto final, dois-pontos, vírgula. As reticências marcam qualquer tipo de *pausa*, conforme referido na Introdução.

Inserções

As inserções caracterizam-se, de modo geral, pela macrofunção cognitivo-interativa de facilitar a compreensão dos parceiros, pelo acréscimo de elementos necessários para esse fim. O locutor suspende temporariamente o fio do discurso para inserir algum tipo de material linguístico, com o intuito, entre outros, de:

a) introduzir explicações ou justificativas:

(1) então nós tínhamos por um lado naquela época muitas crianças com problemas... e havia uma necessidade... de se pegar essas crianças... e adaptá-las à escola comum né? *porque... quanto mais uma criança possa (se) adaptar a uma escola comum... melhor... não há necessidade de formação... especial::: para educador:: e nada disso né?...* e por outro lado uma necessidade de desenvolvimento da indústria... (EF SP 377: 144-9).

(2) Para cumprir a tarefa de estimular a geração de empregos – *sua obsessão juntamente com o combate à miséria* – Lula terá que encontrar formas de aquecer a economia e estimular o crescimento (...) (*IstoÉ*, n. 1726, 30 out. 2002).

(3) Mesmo antes de ser prefeito, o arquiteto Toninho valia-se do conhecimento que tinha da história de Campinas – *o processo de ocupação fundiária foi objeto de sua tese de doutorado na USP* – para entrar com ações populares pedindo o tombamento de áreas históricas, denunciando o não cumprimento de legislação ambiental, freando a especulação (...)
("Quem matou Toninho do PT?", *Caros Amigos*, n. 78, set. 2003, p. 26).

No exemplo (4) abaixo, temos uma inserção maior, que funciona como um reforço, no interior da qual aparece uma inserção de caráter explicativo:

(4) Doc. e::algum filme especial que tu gostaste muito?
Inf. Olha. Ultimamen::te eu não tinha não não tenho ido ao cinema mas eu assisti aquele *Essa pequena é uma parada* apesar de ser chanchada mas completamente uma chanchada mesmo eu me diverti muito gostei mesmo [inclusive cheguei em casa falando pro pai e pra mãe dois dias depois eles foram assistir... *porque eu quando rio muito começo a chorar entende de rir e o meu pai é a mesma coisa* eu digo vocês vão porque vocês vão gostar] apesar da gente estar sabendo que... certas situações são IMpoSSÍveis de acontecer... mas aconteceram no FILme (está mas é) de rir e a gente sai alegre do filme eu gostei bastante (DID POA 121: 593-606).

Este tipo de inserção, em interações face a face, pode ser heterocondicionado, isto é, provocado por um pedido de esclarecimento do interlocutor, como ocorre em (4):

(5) L2 tem que levantar tem que vestir os dois...
L1 *são pequeninos né?*
⎡
L2 e tenho que me vestir... *porque ambos são pequenos...* então eles não aceitam muito a pajem né... (D2 SP 360: 300-5).

Enquanto L1 vem desenvolvendo seu turno, L2 sobrepõe a pergunta (são pequeninos né?), o que obriga L1 a responder (princípio da relevância condicional). Esta, então, interrompe sua fala para inserir a resposta desejada (*porque ambos são pequenos*) e, a seguir, prossegue no que estava dizendo.

b) fazer alusão a um conhecimento prévio, que, frequentemente, constitui um pré-requisito para o pleno entendimento do assunto:

(6) ... e a indústria o que precisa? maior produção... maior rendimento...né?... o indivíduo certo para a tarefa certa... – *não sei se alguém aqui já ouviu falar no Taylor... né?* – então em ( ) em termos de traBAlho nós temos os testes de Taylor...né? que ele::...se propôs::...a...ahn... racionalizar o trabalho... a colocar indivíduos...adequados...em determinadas tarefas...para que houvesse uma maior produção... e na escola nós temos os testes ...de Binet...e de Simon e depois adaptados por (STANford)... pra:: pegar essas crianças... né? ...que não conseguiam acompanhar o ritmo normal da esCOla...e::... verificar AONde estava esse erro aonde estava essa dificuldade (EF SP 377:149-162).

(7) Inf. então nós vamos começar pela Pré-História ... hoje exatamente pelo período... do paleolítico... a arte... no período paleolítico ... o período paleolítico é período período ... da pedra lascada... *como vocês todos sabem ... não é?...* e... tem uma duração de aproximadamente de seiscentos mil anos... (EF SP 405: 1-6).

c) apresentar ilustrações ou exemplificações:

(8) ...as cooperativas também são... entidades... realmente bastante significativas... dentro de uma conjuntura... ou dentro da conjuntura...nacional por exemplo para citar especificamente o caso... do nosso país... *sabemos por exemplo que países altamente evoluídos... como é o caso por exemplo da Suécia... que é um país que pratica na opinião de alguns... um socialismo considerado como democrático... tem nas cooperativas uma espécie de suporte ou de tripé... para o seu desenvolvimento...* as cooperativas

além do mais são fatores... de agregação... (DID REC 131:103-13).

Em (8), tem-se uma exemplificação em cadeia, além de uma inserção explicativa a respeito da Suécia.

Além disso, o locutor objetiva, muitas vezes, despertar ou manter o interesse do parceiro e/ou criar uma atmosfera de intimidade ou cumplicidade, para o que recorre a estratégias como:

d) formulação de questões retóricas (recurso muito comum no discurso didático e nos de cunho persuasivo, de modo geral):

(9) *... que seria então ... éh :: uma nota bruta ... num teste?* seria aquela nota total ... de erros... e acertos então cada indivíduo... realiza o seu teste e:: obtém uma nota... que é o total de erros... e acertos... MAS... essa nota simplesmente... não diz muita coisa... então nós precisamos ter... éh um NÍvel de significância...*é significativo esse número de acerto (esse número) de erros?*... é significativo em termos estatísticos... em termos QUANtitativos...né? *então::... o que nós fazemos?* nós compaRA::mos::... esses resultados... com padrões... determinados... (EF SP 377: 179-90).

e) introdução de comentários jocosos:

(10) Inf. aqui nós só vamos ...fazer uma leitura em nível pré-iconográfico nós vamos reconhecer as formas... então que tipo de formas nós vamos reconhecer?... nós vamos reconhecer bisontes... ((vozes))... bisonte é o bisavô do touro... tem o touro o e o bisonte MAIS lá em cima ainda... nós vamos reconhecer ahn:: cavalos... nós vamos reconhecer veados... *– sem qualquer (nível) conotativo aí –* ... e algumas vezes MUIto poucas... alguma figura humana... (EF SP 405: 131-9).

As inserções podem, também, servir de suporte para a argumentação em curso, como nos exemplos a seguir:

(11) Doc. o que tu achas da publicidade em nosso rádio?
Inf. Olha eu acho que tanto no rádio como na televisão de vez em quando... tem publicidade demais propaganda DEmais... – era era propaganda sim – e::. ..ma/MAS como É necessário isso sabe sem a propaganda eles não podem funcionar... tu tem que aguentar... *agora acho que seria interessante por exemplo que nem é feito na Europa que cada... ah::... hm cada casa contribui com tanto por mês... e então:: os que têm televisão e rádio contribuem com tanto por mês e aquilo é pra::pra televisão quer dizer MEIA hora de propaganda di/ diária quer dizer todos os dias das seis sete e meia às oito horas é a hora de propaganda fora daquilo não tem propaganda NEnhuma...* mas no fim a gente está vendo um filme na televisão ou escutando um bom programa eles cortam às vezes no melhor do... ((forte ronco de motor)) programa pra fazer propaganda... (DID POA 121: 139-59).

(12) Não, advogados do liberalismo: ninguém está dizendo aqui que a miséria autoriza o crime, nem que os criminosos sejam todos miseráveis (*ao contrário, os maiores criminosos são honrados milionários*). O que se afirma, e é óbvio, é que, se as instituições de um país não servem para assegurar uma vida digna à maioria dos cidadãos, então elas não servem para nada. E, se as instituições não servem para nada – *ou melhor, se elas só servem para dar um verniz legal à jogatina corrupta que se faz por fora delas* –, ora, estamos na terra de ninguém, no campo da lei do cão, em que quem dita as regras é o mais rico ou o mais forte (*e na maioria dos casos ambos são o mesmo*).

Repetições e parafraseamentos retóricos

Segundo Marcuschi (1997), "mais do que uma simples característica da língua falada, a repetição é uma das estratégias de formulação textual mais presentes na oralidade. Por sua maleabilidade funcional, a repetição assume um variado conjunto de funções. Contribui para a organização discursiva e a monitoração da coerência textual; favorece a coesão e a geração de sequências mais compreensíveis; dá continuidade à organização tópica e auxilia nas atividades interativas. Disso tudo resulta uma textualidade menos densa e maior envolvimento interpessoal, o que torna a repetição essencial nos processos de textualização na língua falada" (p. 95). Cabe lembrar, contudo, que, em textos escritos, a repetição é também um recurso de grande valor persuasivo.

Entre as diversas funções, das formulações reiterativas enumeradas por Marcuschi (cf. também Hilgert, 1997, 2003; Koch, 1995, 2003), podemos distinguir as retóricas e as "saneadoras" (destas trataremos no item "Estratégias metadiscursivas" deste capítulo). As repetições e parafraseamentos retóricos têm por principal função o reforço da argumentação – estratégia que vimos denominando informalmente "técnica da água mole em pedra dura" como atesta a força argumentativa da repetição em (13) e (14) e da paráfrase em (15) e (16):

(13) 1   L1:   *então antigamente* digamos

2   o indivíduo sozinho ele *abria* um livro... sei lá com o professor

3   *e*   *aprendia* a   *fazer a coisa...*

4   *agora*

5   ele *depende*... de muitas outras pessoas pra *fazer a mesma coisa...*

6   só que *faz* em menos tempo

7   **é** mais lucrativo sei lá...[certo?

8   L2:   [ahn ahn

9   L1:   *então... antigamente* se eu quisesse calcular uma ponte...

10   eu *calculava...*

11   *dava* para um desenhista

12   ele *desenhava...*

13   *agora* num escritório... não é mais assim né?

14   então ele *depende* do arquiteto

15   que *vai lançar...* a arquitetura da obra...

16   aí eu *calculo...*

17   o desenhista ...*desenha*

18   *mas eu calculei*

19   não   foi sozinho...

20   eu *processei* metade dos cálculos...

21   *utilizei* o pessoal da computação

22 L2: ahn ahn

(D2 SP 343: 897-913)

(14) A voz do povo

Que povo é este? O povo é povo ou elite? O povo é a fonte do poder ou é vítima do poder? Há um modo de pensar que é o modo do povo, e há um modo de pensar que é contrário ao modo do povo. O povo quer pensar e resolver seus problemas com o seu próprio modo de pensar. Resolvê-los com qualquer outro modo de pensar é violência contra o povo (Goffredo da Silva Telles Jr., *Folha de S.Paulo*, Painel do Leitor).

(15) L2 *esse projeto*
projeto que tem... sabe? para os procuradores
uma lei... nossa
uma regulamentação nossa
L1 sei
L2 e isso:: éh significa um aumento de vencimentos... e e:: além de que... da/dentro do aumento de... vencimentos haveria... uma promoção em todo o pessoal que está agora... #
L1 certo
L2 (porque) o::pessoal que está agora começa com vinte a:: e vinte bê:: e assim vai indo
L1 certo
L2 então todos esses... a partir de vinte a vinte bê... *que é o nível... atualmente mais baixo... tá? são os soldados rasos como a gente conta*
L1 uhn
L2 eles passariam para nível dois...
L1 certo
L2 *e aí aí aí então a/ abri /a... abriria... mais vagas*
L1 certo
L2 *quer dizer então que nessa altura se formariam mais ou menos umas cem vagas que seriam... # seria o concurso para as cem vagas que entraria o pessoal novo como nível um...*
L1 certo então enquanto não... for... estruturado esse projeto...
L2 *não hão há possibili/ não não pode ser feito concurso porque não tem vagas*
L1 certo

L2 *do pessoal que está sendo promovido... por semestre que seria a promoção normal... de qualquer funcionário... ah não não/há vinte vagas ainda...*

L1 *ah:: então é muito pouco para apenas... preencherem*

L2 *então não pode ser feito um concurso... porque significa um concurso bem grande...para o preenchimento de vinte vagas... (quer dizer) então enquanto não for... não houver es/esse projeto resolvido para o pessoal ter essa promoção para poder... ser aberto mais rápido não terá concurso* (D2 SP: 519-64).

(16) L2 ah eu não sei... acho que:: eu... sabe... aí eu acho que o... não mudou muita coisa... se você pensar... assim numa época em que... por exemplo... o trabalho era bem artesanal... então você tinha um sapateiro...):: ((tosse)) (cocheiro) não sei quê não sei quê né?...todo mundo *muito em simbiose... muito dependendo um dos trabalhos dos outros...*
(D2 SP 343: 935-41).

Em (16), como mostra Hilgert (2003), pode-se verificar que o enunciado-matriz "muito em simbiose" vem parafraseado por um enunciado lexical e sintaticamente mais complexo, caracterizando a expansão parafrástica, cuja função é dar uma explicação: ela ocorre, normalmente, em casos em que o falante, na evolução do texto, se vê, por alguma razão, na necessidade de definir um termo ou uma expressão empregada.

As repetições podem ter também a função cognitivo-interativa de facilitar a compreensão através da desaceleração do ritmo da fala, dando ao(s) parceiro(s) tempo maior para o processamento do que vai ser dito:

(17) ... é difícil você realmente ter... a:: medida REal do indivíduo a capacidade de (realização)... REal do indivíduo... porque::... o indivíduo no momento ***pode estar:: (ah com problemas)...né?... pode estar doen::te pode estar (impressiona::do)... pode não se sentir BEM::::... com o material do tes::te... pode não conhecer*** *certas questões por um motivo qualquer ele simplesmente nunca viu aqui::lo... certo? OU o teste **pode estar...** ahn:: falso ah::::... dirigido*

mais para certos tipos de conhecimento de que ele não tem::...
né? e:: então a pa/o próprio limite do instruMENto que
é o teste... e o limite das condições do indivíduo que são
diFÍceis de se controlar... éh::... *não possibilitam que a gente*
acredite assim CEM por cento nos testes... percebem?... não
dá para gente acreditar cem por cento..., a gente tem uma
meDIDA... (recebe lá) uma medida certo?...
(EF SP 377: 34-50).

Em se tratando de textos escritos, essa repetição de estruturas –
paralelismo sintático – serve para incrementar a força retórica do texto,
como se pode verificar no exemplo (18):

(18) Duas matérias desta edição tratam da violência que no
Brasil não para de crescer (...).
Histórias escabrosas, em ambos os casos, mas *o que esperar*
das gerações de mando e poder que há muitíssimo tempo
vêm pilhando o Estado, fazendo negociatas à custa de
subornos, de prepotência?
O que esperar de uma "elite" que não só não abre mão de
privilégios seculares, como se mostra hostil a qualquer
iniciativa que venha ameaçar tais privilégios? (...) *O que*
esperar, enfim, de um lugar cujo presidente do Supremo
Tribunal Federal, representante maior do judiciário, dá
entrevista a um semanário emitindo conceitos de uma
pobreza intelectual surpreendente, que ofendem não
apenas os alvos de seu destempero, mas qualquer cidadão
que tenha a veleidade de fazer parte de uma sociedade minimamente civilizada? ("Casos exemplares", *Caros Amigos,*
n. 78, Editorial, set. 2003).

Deslocamentos de constituintes

Em termos da articulação tema-rema (cf. capítulo "Princípios de
construção textual do sentido"), particularmente em se tratando da língua
falada, tem-se, ao lado de casos de integração sintática plena (construções
não marcadas, em que o rema, portador de informação nova, sucede
naturalmente ao tema, que veicula a informação dada), uma série de

padrões expressivos, com função de relevo/focalização, em que se pode falar de *deslocamento de constituintes*, por intermédio da segmentação do enunciado (entendendo-se por segmentação qualquer tipo de alteração da ordem não marcada (natural) da língua, com vistas à extração de um constituinte do enunciado, que vai dar origem a construções de tema ou rema marcados (cf. Koch, 1997)).

Existem, pois, duas grandes modalidades de sequenciação tema-rema:

1) sequências em que ocorre plena integração sintática entre elementos temáticos e remáticos, sem nenhum tipo de segmentação (construções não marcadas), que constituem o padrão, sendo comuns a oralidade e a escrita;

2) construções com tema ou rema marcados (em consequência do emprego de estratégias de tematização e de rematização), com graus mais reduzidos de integração sintática, devido à ocorrência de segmentação, nos termos acima definidos, muito comuns na língua falada (embora presentes, também, em textos escritos).

Interessam-nos, aqui, os exemplares da segunda modalidade, de modo que procederemos ao exame dos casos de deslocamento (anteposição e posposição) de elementos temáticos e remáticos, que produzem efeitos de focalização/relevo.

Estratégia de tematização

O papel das construções segmentadas é, em se tratando de construções com *tema marcado*, destacar um elemento do enunciado, colocando-o em posição inicial, com o objetivo de indicar para o interlocutor, desde o início, aquilo de que se vai tratar; ou, em posição final, para fornecer um esclarecimento a mais, uma complementação, um adendo. O emprego dessas construções permite, assim, operar um tipo de hierarquização das unidades linguísticas utilizadas, desempenhando funções discursivas e interacionais relevantes e contribuindo, desta maneira, para a coerência discursiva.

Pode-se dizer que, de modo geral, ao recorrer às construções com tema marcado, o falante seleciona um elemento (estado de coisas, propriedade, relação, coordenada espacial ou temporal, indivíduo ou grupo de indivíduos etc.) que deseja ativar ou reativar na memória do interlocutor, e sobre o qual seu enunciado deverá lançar nova luz, para apresentar a seguir algo que considera desconhecido por este, algo que deseja enfatizar ou com que pretende estabelecer algum tipo de contraste. É por esta razão que o elemento tematizado desempenha papel relevante no processamento do sentido, na medida em que esta forma de organização é determinada quer por questões ligadas à continuidade ou mudança de tópico, quer por fatores como facilitação do processamento do texto, interesse, relevância, expressividade, focalização, relevo, necessidade de ganhar tempo para o planejamento da parte restante do enunciado, entre outros. Vejamos alguns exemplos:

(19) *esse Saião Lobato* mas *esse* eu nunca vi o programa dele de tarde também... e tinha aquele o o *Júlio Rosemberg* aquele eu não gostava muito (Ø) que é muito lero-lero... (DID POA 121: 363-7).

(20) *Olinda* ninguém mora (Ø)... ninguém diz é lá que eu moro... não... diz é lá que eu pernoito (D2 REC 05: 1094-6).

(21) ... então tem mil e um recursos que no teatro ele não tem... o *teatro* ele tem que caprichar na:: no timbre de voz... (DID SP 186: 718-20).

(22) "***Esta ratificação*** ao presidente da República cumpre impedir (Ø)" (Saulo Ramos, "Aquilo cheio", *O Estado de S. Paulo*, 27 set. 1993).

(23) ... mas *o campo deles* eu acho que (Ø) está muito mais saturado do que o nosso... tanto é que::... eu conheço... em:: *advogados* que eles estão trabalhando como ...auxiliares na nossa própria empresa entende?... (D2 SP 62: 1199-203).

(24) então... *sobre o problema do primário ... essa reforma do primário e ginásio* eu não estou muito a par (Ø) não, né? (DID SSA 231: 17-9).

(25) *Com a filha*, Toninho se preocupava. Por ela deixou transparecer em casa uma única vez o nervosismo que Valda notara na prefeitura no último mês. ("Quem matou Toninho do PT?", *Caros Amigos*, n. 78, set. 2003, p. 27).

Outro caso são as construções com deslocamento para o final da oração de um elemento do enunciado que, no interior deste, é representado apenas por meio de um pronome ou de uma categoria vazia. Trata-se de um procedimento bastante produtivo, em que o SN deslocado convalida o referente da forma pronominal, precisando-o melhor ou chamando a atenção sobre ele, de modo a desambiguizar a mensagem e facilitar a compreensão. Nestas construções, denominadas *antitópicos*, em que se desloca para a direita o elemento extraído, a redundância assegurada pela retomada contribui para a melhor interpretação do texto, desempenhando, portanto, papel de relevância na construção e na compreensão do texto falado. Vejam-se os seguintes exemplos:

(26) L1 e... depois volto para casa mas chego já apronto *o outro* para ir para a escola... *o menorzinho*... e fico naquelas lides domésticas... (D2 SP 360: 157-9).

(27) L2 grande oportunidade para os nossos artistas não é?

L1 isso é muito bom:: eh:: e ain/ e:: e a novela puxa o disco porque na vendagem dos discos eles são muito ... requisitados *esses discos de novela* né? (D2 SP 4333: 530-3).

Estratégia de rematização

A estratégia de rematização leva o locutor a antepor o rema ao tema, revertendo, assim, a ordem direta dos constituintes oracionais.

Quanto às funções que desempenham as construções com anteposição do rema, verifica-se que estão diretamente ligadas à expressividade e ao envolvimento do falante com o assunto e com o interlocutor, sendo, por isso, bem mais frequentes na fala do que na escrita, especialmente em situações de interação menos formais.

A anteposição do rema ao tema constitui expressão de alto envolvimento. Na perspectiva do falante, permite-lhe antecipar na formulação aquilo que constitui a meta de sua comunicação; do ponto de vista do interlocutor, tal sequência, normalmente acompanhada de acentuação entonacional do rema, é sentida como marcada relativamente à sequência tema-rema e, portanto, veiculadora de algum tipo de informação discursiva adicional, o que, sem dúvida, compensa o seu duplo custo operacional, qual seja, o rema fora de sua posição sintática normal e de sua posição em termos da estrutura informacional *dado/novo*. Vejam-se os exemplos:

(28) Inf. ...eu gostei é um filme de amor... uma cenas maravilhosas... ***lindo** o filme*... eu assisti faz tempo já... (DID SP 234: 335-7).

(29) *o que me revolta profundamente* é o programa da Cinderela (D2 SP 333: 1117) (vs. O programa de Cinderela me revolta profundamente).

(30) ... passei ali em frente Faculdade de Direito... então estava lembrando... que eu ia muito lá quando tinha sete nove onze... (com) a titia sabe?... e:: *está muito pior* a cidade... está...o aspecto dos prédios assim é bem mais sujo...tudo acinzentado né? (D2 SP 343: 20-4).

(31) Mas *é um homem que se julga sem inimigos* esse que agora examina, em seu gabinete no quarto andar do Palácio dos Jequitibás, sede do executivo, documentos que aguardam sua assinatura ("Quem matou Toninho do PT?", *Caros Amigos*, n. 78, set. 2003, p. 27).

As marcas de redundância geralmente implicadas na formação das construções segmentadas constituem, para o locutor, um meio de remediar os inconvenientes da linearidade da fala – já que em sua produção qualquer retorno é impossível. Isto é, frequentemente, as construções segmentadas, por vezes precedidas ou seguidas de hesitações ou de marcadores discursivos como *enfim, quer dizer, bom, bem*, entre outros, constituem estratégias de grande importância na formulação do texto falado.

ESTRATÉGIAS METADISCURSIVAS

Estratégias metadiscursivas* são aquelas que tomam por objeto o próprio ato de dizer. Isto é, ao colocar em ação tais estratégias, o locutor avalia, corrige, ajusta, comenta a forma do dizer;

---

* Agradeço à colega Edwiges Morato a leitura e discussão produtiva deste item, bem como do capítulo seguinte. É claro que as falhas são de minha inteira responsabilidade.

ou, então, reflete sobre sua enunciação, expressando a sua posição, o grau de adesão, de conhecimento, atenuações, juízos de valor etc., tanto em relação àquilo que está a dizer, como em relação a outros "ditos". Em outras palavras: os enunciados resultantes da atuação de estratégias metadiscursivas têm um estatuto discursivo diferente daquele dos enunciados veiculadores de conteúdo informacional: enquanto as estratégias de organização do conteúdo proposicional atuam imediatamente no plano do enunciado, as estratégias metadiscursivas atuam no âmbito da própria atividade discursiva. Evidencia-se, nestas, a propriedade autorreflexiva da linguagem, isto é, a potencialidade que têm os discursos de se dobrarem sobre si mesmos.

Borillo (1985) postula a existência de três tipos de intervenções metadiscursivas: a) as que fazem referência ao discurso para explicar o código usado na construção do texto; b) as que fazem referência ao discurso como fato enunciativo para explicar as suas condições dialógicas; c) as que fazem referência à própria construção do discurso, sinalizando a sua estruturação.

Prefiro, contudo, considerar os seguintes tipos de estratégias metadiscursivas: as *metaformulativas*, que tomam como objeto o próprio texto, sua forma de estruturação, o código usado, o estatuto de um segmento textual em relação aos precedentes ou subsequentes; as *modalizadoras* ou *metapragmáticas*, que têm por fim indicar o grau de certeza, de adesão, de comprometimento do locutor com relação ao seu discurso, ou introduzir atenuações, comentários a respeito dos enunciados que produz, com vista à preservação das faces; e as *metaenunciativas*, em que a própria enunciação é tomada como objeto de menção.

Essas estratégias têm em comum: 1) o fato de tratar-se de um trabalho do locutor sobre a língua, sobre seus efeitos e suas circunstâncias pragmáticas; 2) serem configurações enunciativas de reflexividade metadiscursiva; 3) serem todas modalizadoras em sentido amplo, por incidirem sobre o modo como aquilo que se diz é dito, o debruçar-se do enunciador sobre os enunciados que produz.

Todavia, elas apresentam características diferenciadoras:

1) enquanto as estratégias metaformulativas têm como escopo o texto (e, portanto, o "dito"), as "lógico"-pragmáticas têm

como objeto a relação intersubjetiva (o "modus") e as metaenunciativas dobram-se mais sobre o "dizer-enquanto-se-diz";
2) apenas as metaenunciativas são claramente autonímicas, isto é, nelas há maior explicitação da representação que o enunciador (sujeito da enunciação) faz de seu dizer;
3) o escopo das estratégias metaformulativas é nitidamente textual, o das "lógico"-pragmáticas são as atitudes, os juízos a respeito do mundo, a própria interação, ao passo que as metaenunciativas são tipicamente enunciativo-discursivas;
4) os três tipos de estratégias diferenciam-se pelo grau de reflexividade, que atinge o grau máximo nas metaenunciativas.

Estratégias metaformulativas

As estratégias metaformulativas são, portanto, aquelas por meio das quais o locutor opera sobre os enunciados que produz, procedendo a reformulações, refletindo sobre a adequação dos termos empregados, sobre a função de um segmento em relação aos precedentes ou subsequentes. Têm, pois, como escopo, o próprio texto, isto é, operam mais de forma metalinguística ou epilinguística.

Um dos tipos de estratégias metaformulativas são as que se denominam *reformulativas*, por meio das quais o locutor retoma um segmento textual para dar-lhe nova formulação, com o intuito de sanar alguma deficiência ou precisar melhor o que pretende veicular. Por esta razão, podemos falar, no caso, em *reformulação saneadora* (cf. Koch & Silva, 1996).

A reformulação saneadora pode ocorrer sob a forma de correções e de repetições ou paráfrases saneadoras.

Correções

As correções decorrem da necessidade de o locutor solucionar, imediatamente após ou mesmo durante a materialização de um segmento, dificuldades neste detectadas por ele mesmo ou pelos parceiros, podendo, pois, ser auto- ou heterocondicionadas. Já as repetições e paráfrases são, via de regra, heteroconclicionadas, isto é, provocadas pelo interlocutor. Veja-se um exemplo de correção saneadora (autocondicionada) em (32):

(32) ... as cooperativas além do mais são fatores ... de agregação... porque: são entidades... que procura:... éh:...
atrair os indivíduos.., e além do mais... fazer ver a esses
indivíduos... a necessidade... da união: a necessidade... de
uma: de um sentido de homogeneidade... porque é através
exatamente... desse fator... de união: e de integração que
os indivíduos se AJUSTAM... ou que os indivíduos *pro éh
procuram... levar... a cabo... levar adiante... suas: melhores...
ou suas: mais justas reivindicações...*
(DID REC 131: 112420).

Observe-se, também, o exemplo (33), em que se tem mais de
uma correção: em primeiro lugar, ao enunciar se *as gavetas estão em
orde/*... L1 corrige a pronúncia, após o corte e a pausa, proferindo
o segmento *em ordem*; a seguir, ao dizer *se o material escolar já foi
re/* temos uma nova interrupção, que denuncia que a locutora não
considerou adequado o termo que iria pronunciar (talvez recolhido),
e o substitui por arrumado (correção de ordem lexical).

(33) L1 então a minha de onze anos... ela supervisiona o trabalho dos cinco... então ela vê se as gavetas estão *em orde/*...
em ordem se o ::material escolar já foi *re/arrumado para o
dia seguinte*... (D2 SP 360: 192-6).

Trata-se de um fenômeno comum na língua falada: como não
se pode "apagar" o que se disse, interrompe-se o quanto antes (geralmente antes mesmo de terminar o que vinha sendo dito), para então
apresentar a forma que se considera mais adequada. Frequentemente,
também, repete-se a expressão ou o termo considerado inadequado,
insere-se um **não**, e corrige-se a seguir. Em (34), tem-se duas correções:
uma em que se procede a uma substituição do que foi dito antes (*ainda
não fala – fala muito pouco*) e outra em que ocorre o corte e a negação
(*reeduca/... reeducação não mas seria... exercícios... com a fonoaudióloga*):

(34) L1 depois eh:: terça e quinta... a menina faz fonoaudiologia
porque ela está com três anos e pouco... e *ainda não fala...
fala muito pouco* então ela faz *reeduc/...reeducação não mas
seria... exercícios com a fonoaudióloga* para ver::... se começa
a falar mais rapidamente (D2 SP 360: 103-8).

A correção pode ser também heterocondicionada, isto é, provocada pelo interlocutor. Este pode simplesmente demonstrar estranheza diante da expressão produzida pelo parceiro, ou sugerir explicitamente a correção. Em (35) há duas correções: a primeira, autorrealizada e a segunda, heterocondicionada:

> (35) L2 ... as coisas de casa que a gente *aten/tem que atender*
> normalmente com crianças
> BRIgas que a gente tem que *repartir*
> L1 apartar
> L2 *tem que apartar:: isso toda hora* (132 SP 360: 490-4).

Paráfrases e repetições saneadoras

As paráfrases e repetições saneadoras são, em geral, heterocondicionadas, isto é, ocorrem quando o interlocutor pede esclarecimentos e/ou mostra que não entendeu bem o que foi dito. Muitas vezes, são provocadas, também, por circunstâncias externas, como barulhos, interrupções etc., que produzem ruído na comunicação e obrigam o locutor a sanar o problema, repetindo ou parafraseando sua fala. Vejam-se os exemplos abaixo:

> (36) L2 você vê né? o mundo quer que nós conservemos...a...
> Amazônia para controlar a poluição mundial.., que
> que você acha disso?
> **L1 não entendi bem a pergunta...**
> L2 o mundo aí o:: naquela::... última exposição que houve
> agora aí – nosso Ministro do Interior foi representan-
> do – eles não querem que devastem as áreas amazô-
> nicas... devido às:: vastas florestas tudo por causa da
> poluição...você acha que seria justo nós conservarmos
> aquilo o::u
> L1 precisa manter o oxigênio do mundo né?... ((risos))
> (D2 SP 62: 183-93).

Ao lado das estratégias reformulativas, temos aquelas estraté-gias metaformulativas por meio das quais o locutor reflete sobre a forma do dito, explicita termos empregados, destaca a função de um segmento em relação ao anterior etc., como se pode observar nos exemplos que seguem:

(37) Oh! Fora bom ter medo! Viveria. Mas o característico daquela situação é que eu nem sequer podia ter medo, *isto é, o medo vulgarmente entendido* (Machado de Assis, "O espelho", in *Contos*, Ed. Agir).

(38) "Esse tipo de prova com cápsulas só é valido quando há rastreabilidade, *ou seja, quando elas são entregues lacradas imediatamente após serem encontradas, para que se tenha certeza de que realmente foram disparadas no local*" ("Quem matou Toninho do PT?", *Caros Amigos*, n. 78, set. 2003, p. 31).

(39) Genoveva não se defendia de um erro ou de um perjúrio; não se defendia de nada; faltava-lhe o padrão moral das ações. *O que dizia, em resumo, é que era melhor não ter mudado, dava-se bem com a afeição de Deolindo, a prova que quis fugir com ele* (...) (Machado de Assis, "Noite de almirante", in *Antologia de contos*, Ed. Agir).

Estratégias modalizadoras

Estratégias modalizadoras ou metapragmáticas são aquelas que têm por objetivo preservar a face do locutor, por meio da introdução no texto de atenuações, ressalvas, bem como marcar o grau de comprometimento, de engajamento do locutor com o seu dizer, o grau de certeza com relação ao dito.

No exemplo (40), o segmento inserido tem função modalizadora, visando diminuir a responsabilidade da locutora com relação ao que enuncia: ela não se compromete com o que diz, atribuindo-o a terceiros:

(40) L2 mas eu tenho a impressão que ela acabou se vendo mais ou menos numa ( ) mais... ou menos ( )
L1 cerceada não
L2 cerceada ela chegou a um ponto... *eu não a conheço eu a vi duas ou três vezes eu nunca conversei com ela ( ) mas mas pelo que chega a gente de terceiros parece que ela (ao menos) tentou lutar tentou lutar* e
L1 não::

L2 não conseguiu...ela também não sei a impressão
L1 (insegurança né)
L2 que eu tenho pelo menos... ela também está meio:::
desiludida... (D2 SP 360: 732-44).

Em (41), a locutora se volta sobre sua própria enunciação, que considera exagerada, procurando manter-se mais neutra (embora não o consiga totalmente, conforme se verifica na continuação de sua fala). Veja-se, também, o exemplo (41):

(41) Doc. Ahn... para ser procurador do estado.., a profissão
é específica não pode ser outra profissão nem assessoria
nada nada...
L2 ah::: não tem ah toda a parte jurídica do estado é feita...
*não espera aí espera aí... ((risos)) já estou exagerando não
é toda a parte jurídica... do Estado...* mas a grande parte
jurídica do estado... como to/todo o ser/todo o serviço de
advocacia do estado... é feita por procuradores do estado
(D2 SP 360: 803-13).
(42) Loc. eu mesmo uma vez que fiz teatro... um:: uma mancá/
uma falta de atenção do contrarregra... que esqueceu de
tocar a:: uma campainha na hora que:: que devia... eu
fui obrigado a entrar com uma frase "eu acho que ouvi a
campainha"... porque a campainha devia ter tocado aquele
momento... e com (fora) com essa frase que eu falei (...) o
contrarregra acordou e tocou a campainha realmente quer
dizer salvei aquele pedaço da peça... então todo artista
deve sabe::r... ah:: o conteúdo da peça o que vai acontê/
e conhecer bem a peça... e... com seu talento... *não estou
querendo com:: isso dizer que sou um grande artista porque
quando eu fui artista longe disso... fui o pior possível...* mas
acho que o camarada deve::eh:: valorizar... o espetáculo
do qual está participando... (DID SP 161: 342-57).

No exemplo acima, além de correções ("uma mancá/uma falta de atenção") e da reflexão metalinguística ("com essa *frase*"), temos, no trecho em itálico, a formulação modalizadora do locutor, que visa à preservação de sua face. Observe-se, ainda, o exemplo (43):

(43) L2 essa essa cebola é bem picada porque aí está o detalhe
uma das coisas fundamentais de qualquer preparo de
prato **eu pelo menos penso assim ... quer dizer é
a minha opinião** ... é que as pessoas ...ao ...ao ...ao
comerem ou ao saborearem um prato fiquem sempre
perguntando com é como foi feito ... sem que se dis-
tinga ou possa se distinguir o tempero ... (D2 POA
291: 127-32).

Estratégias metaenunciativas

Constituem estratégias metaenunciativas aquelas em que o
enunciador, metaenunciativamente, reflete sobre o "dizer-enquanto-
se-diz". Segundo Authier (1981), ocorre, nesses casos, no quadro
de um único ato de enunciação, um acúmulo sobre o dizer de um
elemento, de um comentário sobre o próprio dizer. Isto é, tem-se
uma "glosa", ou seja, o acúmulo de *uso* e *menção* de determinado
elemento do texto. Trata-se de uma configuração enunciativa complexa – a *conotação autonímica* (cf. Rey-Debove, 1978) –, em que se
representa a enunciação como "não coincidente consigo mesma", visto
que o enunciador duplica-se em autocomentador de suas palavras:
trata-se de não coincidências constitutivas do próprio dizer. É o que
se observa nos exemplos seguintes:

(44) A política faz-se com ética, e tem de se fazer com ética,
e aquilo que a gente tem de retirar dessa afirmação que
eu fiz é que o Lula pretenderia que a política que viesse
a fazer fosse sobredeterminada, fosse condicionada por
valores éticos. Obviamente, o que não cabe nessa leitura
é que se faça um discurso ético de um lado e, depois, se
faça uma política por outro, que por vezes é extremamente
pouco ética, *digamos assim*. Portanto, é evidente que o PT
(...) tem de fazer uma política consentânea a esses valores
éticos. E isso é que pode estar em causa. Penso que isso é
fundamental. Alguns sinais são perturbadores a ponto de
criarmos, *digamos assim, uma esquizofrenia* (...) ("O mundo
resiste", entrevista com Boaventura de Sousa Santos, *Caros
Amigos*, n. 78, set. 2003, p. 37).

(45) Conta um velho manuscrito beneditino que o Diabo, em certo dia, teve a ideia de fundar uma igreja. Embora os seus lucros fossem contínuos e grandes, sentia-se humilhado com o papel avulso que exercia desde séculos, sem organização, sem regras, sem cânones, sem ritual, sem nada. Vivia, *por assim dizer*, dos remanescentes divinos, dos descuidos e obséquios humanos. Nada fixo, nada regular (Machado de Assis, "A igreja do diabo", in *Antologia de contos*, Ed. Agir).

(46) Já sabe que foi em 1860. No ano anterior, ali pelo mês de agosto, tendo eu quarenta e dois anos, fiz-me teólogo – **quero dizer**, copiava os estudos de teologia de um padre de Niterói (...) (Machado de Assis, "O enfermeiro", in *Contos*, Ed. Agir).

No exemplo acima, há um deslizamento de sentido, ou seja, o enunciador, de maneira irônica, reorienta a significação de teólogo. É um caso típico de heterogeneidade enunciativa.

Os fatos aqui discutidos – a par de muitos outros – permitem constatar a enorme complexidade do processo de construção de um texto, bem como a ampla gama de atividades que o locutor realiza, tendo em vista a produção de sentidos, buscando controlar *pari passu* tal processo, no sentido de fazer-se compreendido de seu interlocutor e de (re)negociar com ele os sentidos que pretende ver veiculados. Tudo isto exige o domínio não só de habilidades linguísticas, mas também de uma série de estratégias de ordem sociocognitiva, cultural e interacional.

AS MARCAS DE ARTICULAÇÃO NA PROGRESSÃO TEXTUAL

Neste capítulo, apresento uma proposta integrada das diversas classificações das marcas responsáveis pelo encadeamento de segmentos textuais de qualquer extensão (períodos, parágrafos, subtópicos, sequências textuais ou partes inteiras do texto), também denominadas *articuladores textuais* (*Gliederungssignale*, cf. Gülich, 1977) ou *operadores de discurso*, *marcadores discursivos*, que têm constituído importante objeto de pesquisa da Linguística Textual através do tempo. Tais marcadores operam, portanto, em diferentes níveis: o da organização global do texto, em que explicitam as articulações das sequências ou partes maiores do texto; no nível intermediário, em que assinalam os encadeamentos entre parágrafos ou períodos; e no nível microestrutural, em que articulam orações ou mesmo membros oracionais.

Os articuladores textuais podem ter por função relacionar elementos de conteúdo, ou seja, situar os estados de coisas de que o enunciado fala no espaço e/ou no tempo, e/ou estabelecer entre eles relações de tipo lógico-semântico (causalidade, condicionalidade, conformidade, disjunção etc.), bem como sinalizar relações discursivo-argumentativas; podem funcionar como organizadores textuais, ou, ainda, exercer, no texto, funções de ordem metadiscursiva (cf. o capítulo anterior).

Desta forma, os marcadores textuais podem ser divididos em quatro grandes classes: os de conteúdo proposicional, os discursivo-argumentativos, os organizadores textuais e os metadiscursivos.

ARTICULADORES
DE CONTEÚDO PROPOSICIONAL

Articuladores de conteúdo proposicional são aqueles que servem para sinalizar as relações espaciais e temporais entre os estados de coisas a que o enunciado faz referência ou estabelecer entre eles relações de caráter lógico-semântico, como se pode verificar nos exemplos seguintes:

1) marcadores de relações espaçotemporais:

> (1) **A primeira vez que** ele a encontrou foi à porta da loja Paula Brito, no Rocio. Estava ali, viu uma mulher bonita, e esperou, já alvoroçado, porque ele tinha em alto grau a paixão das mulheres. Marocas vinha andando, parando e olhando como quem procura alguma casa. **Defronte da loja**, deteve-se um instante; **depois**, envergonhada e a medo, estendeu um pedacinho de papel ao Andrade, e perguntou-lhe onde ficava o número ali escrito (Machado de Assis, "Singular ocorrência", in *Contos*).

2) indicadores de relações lógico-semânticas (condicionalidade, causalidade, finalidade [mediação], disjunção inclusiva e exclusiva etc., cf. capítulo "Formas de articulação textual"). Observe-se como, no excerto abaixo, se entrelaçam relações causais, finais, condicionais e disjuntivas:

> (2) Fiquei triste **por causa** do dano causado a tia Marcolina; fiquei também um pouco perplexo, não sabendo se devia ir ter com ela, **para** lhe dar a triste notícia, **ou** ficar tomando conta da casa, segundo alvitre, **para** não desamparar a casa, e **porque**, **se** a minha prima enferma estava mal, eu só ia aumentar a dor da mãe, sem remédio nenhum (...) (Machado de Assis, "O espelho", in *Contos*).

ARTICULADORES
DISCURSIVO-ARGUMENTATIVOS

São os introdutores de relações discursivo-argumentativas: conjunção, contrajunção (oposição/contraste/concessão), justificativa, explicação, conclusão, generalização, disjunção argumentativa, especificação, comprovação, entre outras (para maior aprofundamento, consulte-se Koch, 1984, 1989, 1992, 1997). Estes operadores articulam dois atos de fala, em que o segundo toma o primeiro como tema, com o fim de justificá-lo ou melhor explicá-lo; contrapor-lhe ou adicionar-lhe argumentos; generalizar, especificar, concluir a partir dele; comprovar-lhe a veracidade; convocar o interlocutor à concordância etc., sendo, assim, responsáveis pela orientação argumentativa dos enunciados que introduzem, como se pode observar nos exemplos abaixo:

(3)   A coluna vermelha fica com o governo. **Ou**, se preferir, com o contribuinte (Josias de Souza, "De bancos e geladeiras", *Folha de S.Paulo*, 22 nov. 1995).

Não se trata, em (3), de um **ou** operador (de tipo lógico) de disjunção, exclusiva ou inclusiva, mas de um operador de disjunção argumentativa, que tem um efeito de provocação, de convocação à concordância, como já defendi nos trabalhos mencionados acima.

Em (4), temos um operador de contrajunção, que opõe segmentos orientados em sentido contrário:

(4)   A julgar pela competente equipe que o cerca – formada por competentes técnicos em saúde, educação, segurança e habitação – e pelas políticas sociais propostas em seu programa de governo, possivelmente ele não terminará seu mandato com índices de aprovação tão baixos quanto os tinha José Sarney – hoje seu aliado – em 1989. **Mas**, é bom ressaltar, de nada adiantam excelentes projetos e intenções sem a devida articulação política (...) ("A prioridade n. 1", *Veja*, n. 1726, 20 out. 2002, p. 58).

Já em (5), ocorre o marcador de conclusão (*portanto*) e um operador de contrajunção (*ainda que*):

(5) Para avaliar o meu isolamento, basta saber que eu nem lia os jornais; salvo alguma notícia mais importante que levavam ao coronel, eu nada sabia do resto do mundo. Entendi, **portanto**, voltar para a Corte, na primeira ocasião, **ainda que** tivesse de brigar com o vigário (Machado de Assis, "O enfermeiro", in *Contos*).

Observe-se, ainda, a força argumentativa dos articuladores *aliás* (adição de um argumento decisivo), *afinal, ora* (provocação de assentimento, concordância com a conclusão apresentada), *ou seja* (explicação, justificativa), *daí que* (convite a aceitação da decorrência apresentada), em (6), (7), (8) e (9):

(6) (...) A mim, o que me choca, por vezes, é ver colegas brasileiros, mesmo no governo, não muito atentos à experiência internacional. Ver o que aconteceu com a indústria e a agricultura do México depois da abertura, ver o que aconteceu com a reforma da previdência social mesmo no Chile e na Argentina. Uma totalmente quebrada e outra em que o Estado tem de sustentar porque os cidadãos e o sistema privado deixam de poder aguentar esse sistema. Mas o Chile está numa situação econômica razoável e, portanto, o Estado pode fazer isso. **Aliás**, não é preciso buscar essa análise nos sociólogos de esquerda, porque essa informação está na página do Banco Mundial. (...) ("O mundo resiste", *Caros Amigos*, n. 78, set. 2003, p. 37).

(7) O outro recado das urnas paulistas é que a vitória do tucano não representou uma total derrota do PT. **Afinal**, em meio a um eleitorado historicamente conservador, os petistas fizeram a maior bancada estadual e pela primeira vez levaram um candidato ao segundo turno na disputa pelo governo ("O desafio de Alckmin", *Veja*, n. 1726, 30 out. 2002, p. 118).

(8) Quando cheguei aos Estados Unidos ano passado (...), meus amigos, colegas da universidade, estavam todos 50 por cento mais pobres. Os seus fundos de pensões estavam investidos na bolsa, a bolsa tinha caído. **Ou seja**, a pensão passou

a ser um fator de risco. **Ora**, não podemos tolerar, em países onde as desigualdades sociais são tão graves, que os sistemas de pensões passem a ser mais um fator de risco para os cidadãos. **Daí que** continuo a defender o sistema público. ("O mundo resiste", entrevista com Boaventura de Sousa Santos, *Caros Amigos*, n. 78, set. 2003, p. 34).

ORGANIZADORES TEXTUAIS

Estes articuladores têm por função "*estruturar a linearidade do texto, organizá-lo em uma sucessão de fragmentos complementares que facilitam o tratamento interpretativo*" (Maingueneau, 1996, p. 170). Este autor descreve os articuladores de organização textual como "marcadores de integração linear" e observa que se inscrevem em séries, das quais a mais clássica é: *primeiro (amente)/depois/em seguida/ enfim*, ao lado de outras como *por um lado/por outro lado, às vezes/ outras vezes, em primeiro lugar/em segundo lugar, por último etc*. Na organização espacial do texto, seus valores essenciais seriam os de abertura, intermediação e fechamento.

Jubran (2003), por seu turno, refere-se à *marcação do estatuto discursivo de um fragmento do texto*, salientando que essa função consiste em assinalar que um fragmento textual tem um determinado estatuto discursivo no esquema de composição do texto, como, por exemplo, a marcação das fases de estruturação do texto como um todo. Desta forma, tais marcadores assinalam etapas de construção do texto, como introdução, desenvolvimento e conclusão, pondo à mostra a sua organização estrutural, como se pode ver em (9) e (10). Observe-se que, em (9), *finalizando mesmo*, demarca a conclusão do texto, anunciando a iminência de seu término.

> (9)   Inf. para ele:: Dukheim... **primeiramente** vem o direito... até mesmo os mo:res ...que vocês estudaram vem:... **de maneira secundária** o principal já no tempo né? De... Durkheim era o direito como máximo ... num é? para impor normas e **finalizando...mes:mo** o direito reproduz... todas as formas essenciais... e é apenas ... estes que... precisamos conhecer (EF REC 337: 702-9).

(10) (...) Aliás, não é preciso buscar essa análise nos sociólogos de esquerda, porque essa informação está na página do Banco Mundial. É o próprio Banco Mundial que põe muitas reservas à privatização da previdência. (...). **Em segundo lugar**, em certos sistemas, como o sistema inglês, seguradoras de fundos de pensão deixaram de aceitar pessoas, e encaminham, outra vez, para o sistema público. **Em terceiro lugar**, a segurança social privada, ou relativamente privatizada, pode fazer com que a previdência social passe a ser mais um fator de risco para o pensionista (...) ("O mundo resiste", entrevista com Boaventura de Sousa Santos, *Caros Amigos*, n. 78, set. 2003, p. 34).

MARCADORES DISCURSIVOS CONTINUADORES, QUE OPERAM O "AMARRAMENTO" DE PORÇÕES TEXTUAIS

Trata-se de marcadores como *aí, daí, então, agora, aí então*, extremamente frequentes em textos falados, embora com ocorrência bastante frequente também em textos escritos, especialmente quando se deseja dar a estes uma feição semelhante à da fala, como é comum na literatura infantojuvenil (para um maior aprofundamento, nesse caso, consulte-se Santos, 2003). Observe-se o exemplo (11):

(11) bom esses pratos não são mui::to trabalhosos mas são demorados não é?... **agora** se você souber::... preparar a massa em casa... então você prepara... né?... se não souber é muito mais prático você ir ao supermercado comprar:: um pacotinho de lasanha (...) **agora** se você quiser prepará-la mesmo... então o negócio é fazer a massa... depois cozinhar essa massa... **aí::** entra a dificuldade... porque na hora de cozinhar a massa (...) você tem que cozinhar com bastante água... e::... aos poucos... porque senão ela embola tudo e fica uma grande porcaria né... **então** você tem que cozinhar aos poucos (...) (DID SP 235: 231-44).

ARTICULADORES METADISCURSIVOS

Estes articuladores servem para introduzir comentários ora sobre a forma ou modo de formulação do enunciado (o modo como aquilo que se diz é dito, o estatuto discursivo do que é dito), ora sobre a própria enunciação (cf. o capítulo anterior). Esta introjeção realiza-se, em grande parte, por meio de articuladores de natureza metadiscursiva, que proponho agrupar também em três grupos: modalizadores ou *lógico-pragmáticos*, *metaformulativos* e *metaenunciativos*.

Modalizadores

A primeira classe de marcadores metadiscursivos é a dos modalizadores, que podem ser tomados em sentido amplo e em sentido restrito.

Os modalizadores *stricto sensu* são aqueles que expressam as modalidades que, desde muito tempo, vêm sendo objeto de estudo da lógica e da semântica: *aléticas, epistêmicas, deônticas*. A par destes, há os modalizadores *lato sensu*, entre os quais se podem mencionar os *axiológicos, atitudinais* e *atenuadores*.

Modalizadores aléticos são aqueles que se referem à necessidade ou possibilidade da própria existência dos estados de coisas no mundo. São pouco comuns em textos da língua natural, por se confundirem geralmente com os epistêmicos ou os deônticos: ou nos referimos ao conhecimento que temos a respeito dessa existência ou à sua obrigatoriedade/facultatividade. Um exemplo poderia ser o seguinte:

(12) **É impossível** não se comover com essas lúcidas palavras de Nildo Ouriques. A poluição conecta-se ao despovoamento do interior do Estado, tanto que a pequena propriedade fundiária está em vias de extinção ("Nildo Ouriques, o reitor necessário em Santa Catarina", *Caros Amigos*, n. 78, set. 2003, p. 43).

Observe-se, também, no exemplo acima, o marcador de comprovação *tanto que*, que tem sido esquecido em nossas gramáticas...

Modalizadores epistêmicos são os que assinalam o comprometimento/engajamento do locutor com relação ao seu enunciado, o grau de certeza com relação aos fatos enunciados:

(13) **Evidentemente**, a divisão social do trabalho, associada aos direitos de propriedade e mediada pelo dinheiro, é uma maneira um tanto engenhosa de organizar a produção. Na medida em que cada indivíduo subordina sua existência à tarefa que lhe cabe nessa gigantesca organização social chamada sociedade capitalista, é de esperar que, "no conjunto da obra", esse arranjo pareça bastante funcional. **Não há como negar** que, excluindo todas as demais dimensões da vida humana, o capitalismo é um eficiente sistema produtor de mercadorias.(...) (Marcelo Manzano, "Eu e o mundo", *Caros Amigos*, n. 54, set. 2001).

(14) Ainda é cedo para garantir que a prioridade à área social apregoada pela campanha petista será transformada em realidade; afinal, o orçamento continua apertado. **É certo**, porém, que o Partido dos Trabalhadores é responsável pela elaboração de boa parte dos programas implementados em âmbito federal na era FHC, sobretudo os testados por administrações petistas, como o Renda Mínima e o Bolsa-Escola. Logo **parece sensato** acreditar que a área social será o eixo do governo Lula ("A prioridade n. 1", *Veja*, n. 1726, 30 out. 2002, p. 58).

(15) Há, **obviamente**, um espaço autônomo na política. A política faz-se com ética, e tem de se fazer com ética (...). **Obviamente**, o que não cabe nessa leitura é que se faça um discurso ético de um lado e, depois, se faça uma política por outro, que por vezes é extremamente pouco ética, digamos assim. ("O mundo resiste", entrevista com Boaventura de Sousa Santos, *Caros Amigos*, n. 78, set. 2003, p. 34).

(16) Nestes últimos dias Toninho andava tenso e irritado sem dizer por quê. **Talvez** fosse pelos problemas que enfrentava na região de Viracopos (...) ("Quem matou Toninho do PT?", *Caros Amigos*, n. 78, set. 2003, p. 270).

Os modalizadores de caráter deôntico indicam o grau de imperatividade/facultatividade atribuído ao conteúdo proposicional:

(17) **É indispensável** que se tenha em vista que, sem moralidade, não pode haver justiça social.

(18) As normas para a seleção ao doutorado preveem a apresentação de um projeto de tese. **Opcionalmente**, porém, os candidatos poderão anexar outros trabalhos que permitam avaliar sua capacidade de pesquisa.

(19) **É preciso** erradicar essa culpa terrível e mostrar que, ao contrário do que se propaga por aí, professor universitário não é subprivilegiado e cúmplice da tragédia nacional (...) ("Nildo Ouriques, o reitor necessário em Santa Catarina", Caros *Amigos*, n. 78, set. 2003, p. 43).

Os modalizadores axiológicos expressam uma avaliação dos eventos, ações, situações a que o enunciado faz menção. Vejam-se os exemplos a seguir:

(20) (...) **Curiosamente**, ao mesmo tempo em que proliferam alternativas de consumo e deleite através dessa potente máquina produtora de todo e qualquer tipo de mercadoria, nossos interesses tendem a convergir para atividades cada vez mais especializadas e descoladas das outras esferas da vida. Com a vista ofuscada, dedicamos nossos dias a conquistar um horizonte de sonhos que já não sabemos como desfrutar.

Mais uma vez, o capital demonstra sua maestria na arte do ilusionismo, operando a inversão entre o que é anseio e o que é dever e fazendo-nos crer que nos libertamos quando nos sujeitamos (Marcelo Manzano, "Eu e o mundo", *Caros Amigos*, n. 54, set. 2001, p. 14).

(21) Ainda não se sabe ao certo quem matou Toninho do PT. **Inexplicavelmente**, o caso foi dado como encerrado e não se falou mais nisso.

(22) **Diligentemente**, a polícia saiu no encalço do sequestrador e conseguiu prendê-los antes que deixasse a cidade.

Modalizadores atitudinais ou afetivos são aqueles que encenam a atitude psicológica com que o enunciador se representa diante dos eventos de que fala o enunciado:

(23) **Lamentavelmente**, a Universidade contribuiu para o colapso ecológico da Ilha, destruindo a mata e jogando objetos químicos no mangue (...) ("Nildo Ouriques, o reitor necessário em Santa Catarina", *Caros Amigos*, n. 78, set. 2003, p. 43).

(24) **Desgraçadamente**, nem sempre se pode confiar nas notícias veiculadas pela grande imprensa.

(25) **Infelizmente**, nossas demais prioridades também continuam sendo as de sempre, mas há pelo menos uma tendência animadora à vista (...) (Carta do Editor, *Veja*, n. 1630, 5 jan. 2000, p. 141).

Funcionam com atenuadores aqueles que têm em vista a preservação das faces dos interlocutores:

(26) **Talvez fosse melhor** pensar em modificar o atual estatuto, que, **ao que me parece**, apresenta algumas lacunas que poderão criar problemas futuros.

(27) **No meu modesto modo de entender, creio que** deveríamos refletir um pouco mais sobre essa questão.

Incluem-se neste tipo, também, os articuladores **ainda é cedo** e **parece sensato** que aparecem no exemplo (14) acima.

São *delimitadores de domínio* (*hedges*) os marcadores que explicitam o âmbito dentro do qual o conteúdo do enunciado deve ser verificado (= estou falando do ponto de vista x):

(28) bem me pediram para falar sobre o terreno... em princípio realmente eu... fico sem saber o que dizer... fui pegada de surpresa... mas... tenho um roteiro... o que me tranquiliza mais um pouco... ((ri)) éh: **geograficamente falando**... o tipo de terreno... que nós encontramos... por exemplo o terreno plano... o terreno plano... aparentemente é um terreno bom... (DID REC 265:1-5).

Um outro tipo de modalizadores é o dos *comentadores da forma como o enunciador se representa perante o outro no ato de enunciação*, ou seja, por meio dos quais o enunciador se representa perante o interlocutor como sendo franco, honesto, sincero:

(29) **Falando francamente**... não consigo entender o que você está querendo insinuar ("eu estou sendo franco ao dizer **x**").

(30) **Honestamente**, não se pode falar em corrupção no caso em tela.

Articuladores metaformulativos

Como foi visto no capítulo anterior, o locutor, por meio de enunciados metaformulativos, procede a reflexões sobre a forma do dito, por exemplo, sobre a adequação dos termos empregados, a função de um segmento em relação ao anterior. Os enunciados metaformulativos costumam vir introduzidos por marcadores que indicam o tipo de função que desempenham.

Entre as funções dos articuladores metaformulativos, podem-se mencionar as seguintes (cf. também Jubran, 2003):

1) *Sinalização de busca de denominações*

A busca de denominações, como mostra Jubran (2003), pode ser sinalizada por expressões como *mais precisamente, sobretudo, isto é, quer dizer*, que, ao mediarem duas opções, indicam que a segunda é mais apropriada do que a primeira. Em vez das expressões acima citadas, pode ocorrer a alternativa ou, como ocorre em (8), em que a inserção ou precisão provoca um retorno, no eixo sintagmático, ao núcleo do SN precedente (exatidão), substituindo-o, como alternativa de opção lexical mais adequada ao contexto (precisão do desenho).

(31) Inf. bom ... outra coisa que nós vamos ver ... nos slides na na aula que vem ... é a extrema precisão do desenho ... eles conseguem chegar a uma fidelidade linear ... da natureza ... à extrema exatidão do desenho **... ou** precisão ... e eles conseguem chegar ... a é óbvio uma evolução certo? (EF SP 405: 388-94)

A busca de denominações pode realizar-se, também, por justaposição ou alternância de sinônimos, que ou podem se excluir, de modo que o último será mais apropriado às necessidades do locutor, ou podem reforçar-se uns aos outros e, por acumulação, transmitir o significado desejado. Esta segunda possibilidade ocorre em (32), em que o parêntese contém uma lista de sinônimos (*ou três perspectivas ou três linhas ou três maneiras*), que acabam por clarear o significado do SN precedente os *três saberes*.

> (32) Inf. mos:tra ... num é? nesse trechozinho ... **ou** nessa citação ... que os... três ... saberes **ou** três perspectivas **ou** três linhas **ou** três maneiras ... de se olhar o direito mostra que .. todas três ... na realidade ... definem ... classificam ... e têm ...proposições... sobre as relações ... pertinentes ao direito ...(EF REC 337: 295-300)

2) *Indicação do estatuto de um segmento textual em relação aos anteriores*

Efetua-se por meio de marcadores como *em síntese, em suma, resumindo, em acréscimo a, em oposição a, para terminar* etc. Veja-se, por exemplo, os segmentos (33) e (34):

> (33) Genoveva não se defendia de um erro ou de um perjúrio; não se defendia de nada; faltava-lhe o padrão moral das ações. O que dizia, **em resumo**, é que era melhor não ter mudado, dava-se bem com a afeição do Deolindo, a prova é que quis fugir com ele; mas, uma vez que o mascate venceu o marujo, a razão era do mascate, e cumpria declará-lo (Machado de Assis, "Noite de almirante", in *Antologia de contos*, Ed. Agir).
>
> (34) Mesmo inexistindo um vínculo de retomada direta entre uma anáfora indireta e um cotexto antecedente ou posterior persiste um vínculo coerente na continuidade temática que não compromete a compreensão. **Em suma**, a anáfora indireta é um caso de referenciação textual, isto é, de construção, indução ou ativação de referentes no processo textual-discursivo (L. A. Marcuschi, *O barco textual e suas âncoras*, 2001: 2, mimeo.).

3) *Introdução de tópico*

A introdução de tópico é, frequentemente, marcada por articuladores do tipo: *quanto a, em relação a, no que diz respeito a, a respeito de, no que tange a, no que concerne a, com referência a, relativamente a* etc.:

(35) **A respeito da questão racial no Brasil**, gostaria de dizer que ela constitui um problema ainda não totalmente resolvido.

4) *Interrupção e reintrodução de tópico* (*marcadores de digressão*, "bracketing devices")

(36) Quanto aos estudos sobre o humor sabe-se que, embora não houvesse pesquisa sobre o humor, ele é objeto de teorias desde Platão até nossos dias. Aristóteles já dizia que o riso é algo próprio do homem. Isto na segunda parte de sua Poética onde ele discorre sobre o humor, o riso, a comédia, a arte que nasce dos 'simples', isto é, do povo. Infelizmente, parece que a segunda parte de sua 'Arte Poética', a que tratava da comédia, se perdeu. **É interessante lembrar que** a leitura dessa obra é o motivo que Umberto Eco usou na composição do seu 'O Nome da Rosa', onde toda a trama ocorre pela proibição de ler algo que falava do riso, algo que não era de Deus, mas do demônio. **Voltando ao assunto do humor**, registramos... (L. C. Travaglia, *O que faz quem rir. O humor brasileiro na televisão*, 1998).

No exemplo acima, pode-se verificar em que medida os articuladores utilizados são responsáveis pela organização tópica do trecho em questão: o tópico é introduzido pelo articulador **Quanto a...**, interrompido por **É interessante lembrar que...** e, em seguida, retomado por **Voltando ao assunto...**

5) *Nomeação do tipo de ato discursivo que o enunciado pretende realizar* (a título de esclarecimento/de comentário, de crítica..., cabe a pergunta, a indagação etc.)

> (37) O juiz não considerou as provas suficientes para a condenação do réu. **Cabe a pergunta**, contudo: será que o rapaz, quando posto em liberdade, será ressarcido dos danos morais e financeiros acarretados pela detenção indevida?

Articuladores metaenunciativos

Conforme vimos no capítulo anterior, estes articuladores introduzem enunciados que atuam no âmbito da própria atividade enunciativa, tomando-a como objeto de reflexão, ou seja, enunciados que evidenciam a propriedade autorreflexiva da linguagem. Desta forma, a instância da enunciação é introjetada nos enunciados, instituindo-os simultaneamente como evento e como objeto de menção. Entre estes, destacam-se marcadores discursivos como *digamos assim, podemos dizer assim, por assim dizer, como se diz habitualmente, vamos dizer assim,* que precedem ou sucedem um determinado elemento do discurso:

> (38) Inf. pronto ... foi mais fácil ainda José do que a sua ... resposta ... não é? ele foi mais prático ... **vamos dizer assim** ... não é que você esteja incorreto de jeito nenhum mas é que ele foi ele resumiu ... não é? Ele foi bem rápido pronto ...(DID REC 337: 502-6).
>
> (39) Inf. os sindicatos são realmente entidades... que têm ... determinados elementos ... que são considerados como postos ... de/ **quer dizer** ... que são considerados como elementos-chaves ... dentro da sua estrutu:ra ... temos por exemplo um presidente ... um secretário ... um tesoureiro que **são por assim dizer** ... as peças chaves ... as vigas mestras ... dos sindicatos ... (DID REC 131: 92-6).
>
> (40) Doc. algodão... lembra como é que se planta o algodão como é que se colhe?
> Inf. Como plantar já não me lembro... agora:: a colheita era feita... também... manualmente por... muitas pessoas... e também mulheres participavam... e::iam... iam colhendo

mesmo os::... aqueles chumaços de algodão e colocando no saco.

Doc. e depois? Isso... era guardado em algum lugar?

Inf. Depois era... eram... **vamos dizer ensacado... espécie de fardo**... agora eu me lembro que tinha o caroço do algodão mas não me lembro como se tirava o caroço... (DID SP 18: 373-84).

(41) Doc. e a casca dele... ahn:: **sei lá casquinha que fica ainda** ahn se vendia assim ou:: ou já se entregava de uma... numa outra condição?

Inf. Não me lembro bem viu? Como era viu?... porque ne/ nessa época... quando *vamos dizer* eu era criança não tinha muito interesse em:: negócio né? (DID SP 18: 423-8).

Veja-se, ainda, o exemplo (42), no qual ha uma "proliferação" desses marcadores:

(42) Inf. porque ... a assistência odontológica... implica evidentemente... em custos... demasiadamente elevados para o:... o público ou para a coletividade... ou a grande massa **como nós... chamamos habitualmente**... sabemos por exemplo ... que... toda e qualquer cirurgia... no campo médico ... propriamente dito... implica ... obrigatoriamente... em despesas... as mais elevadas... despesas essas que os associados não têm realmente condições... de:... conseguir ... um meio ou uma maNEIra... **digamos assim**... de levar adiante aquela coisa (...) sabemos por exemplo... que o sindicato... dos comerciários **para falar de um assunto que nos toca... pati/particularmente**... possui uma granja na cidade de Carpina... e que proporciona... àquela iMENsa... Leva... de associados... um lazer realmente magnífico... um momento de:... descanso... um momento de: feliciDAde... **podemos dizer assim**... a todos aqueles... que vão... até lá em busca de PAZ de sossego e de tranquilidade... (Nurc/ RE – DID 131: 18-34).

Os articuladores – em sentido amplo, como aqui postulado – são, como se pode facilmente concluir, multifuncionais. Verifica-se, também, que um mesmo operador, conforme o contexto textual-discursivo, pode estabelecer tipos diferentes de relações significativas e, desta maneira, ser classificado de formas diferentes. Esses elementos linguísticos operam a progressão textual, desempenhando nela funções das mais variadas, de ordem cognitiva, discursivo-argumentativa, organizacional, metaenunciativa e interacional. Desta forma, não apenas são responsáveis, em grande parte, pela coesão textual, como também por um número bastante significativo de indicações ou sinalizações destinadas a orientar a construção interacional do sentido e, portanto, da coerência.

A INTERTEXTUALIDADE

A intertextualidade constitui um dos grandes temas a que se tem dedicado a Linguística Textual.

Em diversos estudos (Koch, 1985, 1991, 1994, 1997a, 1997b), tratei de questões relativas à intertextualidade e à polifonia, questões que vou retomar aqui, com o intuito de reiterar a (inevitável) presença do outro naquilo que dizemos ou escrevemos.

Foi devido a essa – necessária – presença que postulei a existência de uma intertextualidade e/ou polifonia em sentido amplo, constitutiva de todo e qualquer discurso, a par de uma polifonia e de uma intertextualidade *stricto sensu*, esta última atestada, necessariamente, pela presença de um intertexto.

Nos estudos mencionados, procedi a uma classificação dos vários tipos de intertextualidade e procurei estabelecer uma distinção entre os fenômenos da intertextualidade e da polifonia, quando tomados em sentido restrito. Referirei aqui uma parte dessa investigação.

INTERTEXTUALIDADE

A intertextualidade *stricto sensu* ocorre quando, em um texto, está inserido outro texto (intertexto) anteriormente produzido, que faz parte da memória social de uma coletividade ou da memória discursiva (*domínio estendido de referência*, cf. Garrod, 1985) dos interlocutores.

A intertextualidade será explícita quando, no próprio texto, é feita menção à fonte do intertexto, como acontece nas citações, referências, menções, resumos, resenhas e traduções, na argumentação por recurso à autoridade, bem como, em se tratando de situações de interação face a face, nas retomadas do texto do parceiro, para encadear sobre ele ou contraditá-lo.

Por outro lado, a intertextualidade será implícita quando se introduz no texto intertexto alheio, sem qualquer menção da fonte, com o objetivo quer de seguir-lhe a orientação argumentativa, quer de colocá-lo em questão, para ridicularizá-lo ou argumentar em sentido contrário (Grésillon & Maingueneau, 1984, falam em valor de *captação* e valor de *subversão*, respectivamente). No primeiro caso, verificam-se paráfrases, mais ou menos próximas do texto-fonte; no segundo, incluem-se enunciados parodísticos e/ou irônicos, apropriações, formulações de tipo concessivo, entre outras.

Em se tratando de intertextualidade implícita, o que ocorre, de maneira geral, é que o produtor do texto espera que o leitor/ouvinte seja capaz de reconhecer a presença do intertexto, pela ativação do texto-fonte em sua memória discursiva, visto que, se tal não ocorrer, estará prejudicada a construção do sentido, particularmente no caso da subversão. Também nos casos de captação, a reativação do texto primeiro se afigura de relevância; contudo, por tratar-se de um parafraseamento mais ou menos fiel do sentido original, quanto mais próximo o segundo texto for do texto-fonte, menos necessária se fará a recuperação deste pelo interlocutor. Há até mesmo os casos especiais em que tal recuperação se torna altamente indesejável: é aqui que se pode falar de plágio, como demonstrou Christofe (1996). Isto é, o plágio seria um tipo particular de intertextualidade com valor de captação, mas no qual, ao contrário dos demais, o produtor do texto espera – ou deseja – que o interlocutor *não* tenha na memória o intertexto e sua fonte – ou não proceda à sua ativação –, procurando, para tanto, camuflá-lo por meio de operações de ordem linguística, em sua maioria de pequena monta (apagamentos, substituições de termos, alterações de ordem sintática, transposições etc.). Assim, o plágio pode ser visto, dentro dessa perspectiva, como o caso extremo da captação.

Na intertextualidade implícita com valor de subversão, por seu turno, a "descoberta" do intertexto torna-se crucial para a construção do sentido. Por serem os intertextos, de maneira geral, trechos de obras literárias, de músicas populares bem conhecidas ou textos de ampla divulgação pela mídia, bordões de programas humorísticos de rádio ou TV, assim como provérbios, frases feitas, ditos populares etc., tais textos-fonte fazem parte da memória coletiva (social) da comunidade, podendo ser, em geral, facilmente acessados por ocasião do processamento textual – embora, evidentemente, não haja nenhuma garantia de que isso venha a acontecer.

No caso dos provérbios, frases feitas, ditos populares, a fonte é um enunciador genérico, representante da sabedoria popular, da opinião pública (a "vox populi", denominada ON por Berrendonner, 1991), de modo que a recuperação é praticamente certa. Já em se tratando dos demais tipos de textos-fonte – textos literários, jornalísticos, publicitários, políticos, bordões de programas humorísticos e outros –, o reconhecimento do intertexto é menos garantido, visto que depende da amplitude dos conhecimentos que o interlocutor tem representados em sua memória. A não depreensão do texto-fonte, nesses casos, empobrece ou praticamente impossibilita a construção de sentidos próximos àqueles previstos na proposta de sentido do locutor.

Acredito que a noção de *détournement* – termo que, na falta de uma tradução que me pareça satisfatória, prefiro manter no original – tal como formulada por Grésillon & Maingueneau (1984), se ampliada, seria capaz de subsumir grande parte dos casos de intertextualidade implícita. Segundo esses autores, o *détournement* consiste em produzir um enunciado que possui as marcas linguísticas de uma enunciação proverbial, mas que não pertence ao estoque dos provérbios reconhecidos" (p. 114). Preconizam eles a existência de um *détournement* de tipo *lúdico*, simples jogo com a sonoridade das palavras, como aqueles que as crianças – mas não só elas – gostam de inventar, que não esteja a serviço de uma manobra política ou ideológica, a par de outro, de tipo *militante*, que visa dar autoridade a um enunciado ou destruir aquela do provérbio em nome de interesses das mais diversas ordens. Aqui, o objetivo é, pois, levar o interlocutor a ativar o texto original, para argumentar a partir dele; ou, então, ironizá-lo, ridicularizá-lo, contraditá-lo, adaptá-lo a novas situações, ou orientá-lo para um outro sentido, diferente do sentido original. Os autores reconhecem que essa distinção coloca problemas de fronteira, mas acreditam que possui valor operatório.

Gostaria de postular a extensão desse conceito a diversas formas de intertextualidade implícita, já que, em todas elas, tem-se algum tipo de alteração – ou adulteração – de um texto-fonte (que, no entanto, precisa ser reconhecido, salvo nos casos de plágio a que me referi acima), visando à produção de sentidos. Entre tais alterações, ou *operações de retextualização* (cf. Marcuschi, 2000), podem-se mencionar as seguintes, muitas delas exaustivamente tratadas por Frasson (1991), de quem, inclusive, tomo a liberdade de emprestar vários dos exemplos que seguem.

1) substituição:

- de fonemas:

    (1)   E0: Prepare-se para levar um susto.

          E1: **Prepare-se para levar um surto** (anúncio relativo ao tema "Não jogue lixo nas ruas", com o qual a MPM Propaganda participou de concurso promovido pelo jornal *Folha de S.Paulo* sobre "Os maiores pecados do brasileiro", tendo obtido o primeiro lugar).

    (2)   E0: Penso, logo existo.

          E1: Penso, logo hesito (Luis Fernando Verissimo, "Mínimas").

- de palavras:

    (3)   E0: Quem vê cara, não vê coração.

          E1: Quem vê cara não vê AIDS (*Veja*, 17 fev. 1988, propaganda do Ministério da Saúde).

          E2: Quem vê cara não vê falsificação (*Veja*, 16 mar. 1988, publicidade dos relógios Citizen).

    (4)   E0: Até que a morte os separe.

          E1: Até que a bebida os separe (*Veja*, 18 jul. 1988, mensagem da AAA).

    (5)   E0: Quem espera sempre alcança.

          E1: Quem espera nunca alcança (Chico Buarque, "Bom conselho").

2) acréscimo

    (6)   E0: Devagar se vai ao longe.

          E1: Devagar se vai ao longe, mas leva muito tempo

          E0: Devagar se vai ao longe.

          E1: Devagar é que não se vai longe (Chico Buarque, "Bom conselho").

(7) E0: É pau. É pedra. É o fim do caminho. (Tom Jobim,
"Águas de março").
E1: É pau. É pedra. Mas não é o fim do caminho (*Veja*,
25 maio 1988, anúncio da Coca-Cola).
(8) E0: Quem vê cara, não vê coração.
E1: "O Instituto de Cardiologia não vê cara, só vê coração
(*Zero Hora*, 7 out. 1990, propaganda do Instituto de
Cardiologia do Rio Grande do Sul).

3) supressão

(9) E0: Para bom entendedor, meia palavra basta.
E1: Para bom entendedor, meia palavra bas (Luis Fernando
Verissimo, "Mínimas").
(10) E0: O que os olhos não veem, o coração não sente.
E1: O que os olhos veem o coração sente (*Veja*, suplemento
publicitário, publicidade de Brinquedos Estela).
E1': O que os olhos veem o coração sente (*A Razão*, 5 jun.
1991, publicidade do Clube dos Lojistas, sugerindo a
compra de presentes para o Dia dos Namorados).

4) transposição:

(11) E0: Pense duas vezes antes de agir.
E1: Aja duas vezes antes de pensar (Chico Buarque, "Bom
conselho").
(12) E0: Mais vale um pássaro na mão do que dois voando.
E1: Mais vale um pássaro voando do que dois na mão
(campanha ecológica "Respeite a Natureza", veiculada
pelo *Zero Hora*, em 13 jun. 1989).
E2: Mais vale um Passarinho na mão do que dois tucanos.
(*Veja*, 2 out. 1991, Jô Soares, "Provérbios do Planalto").

Como se pode verificar a partir dos exemplos apresentados, o
détournement envolve, em grande parte dos casos de subversão, uma
contradição ao texto-fonte, por intermédio da negação de uma parte
ou do todo, ou do apagamento da negação que ele encerra, bem
como do acréscimo de expressões adversativas.

Por meio destas formas de retextualização, operam-se, portanto, diversos tipos de *détournement*, entre os quais se podem mencionar:

a) *détournement* de provérbios, frases feitas, títulos de filmes ou obras literárias, muito frequente, por exemplo, na publicidade, no humor, na música popular, em charges políticas etc. Além de todos os exemplos acima apresentados, como também da música "Bom conselho", de Chico Buarque de Hollanda, e dos textos humorísticos (irônicos) "Provérbios do Planalto", de Jô Soares, publicados na revista *Veja* e "Mínimas", de Luis Fernando Verissimo (que exemplificam todos os tipos de *détournement* aqui descritos), vejam-se ainda os exemplos seguintes:

(13) E0: *O paciente inglês* (nome de um filme que estava sendo exibido na época).
E1: O impaciente francês (publicidade de um carro da Renault, apresentada em *outdoors*).

(14) E1: No Dia das Mães, dê um presente X.
E0: Mãe só tem uma.
E1: No Dia das Mães, dê um anel Dreysun. Afinal, mãos só tem duas (anúncio da Joalheria Dreysun, publicada na Revista *Veja*, por ocasião do Dia das Mães).

(15) E0: Vou-me embora pra Pasárgada.
Lá sou amigo do rei... (Manuel Bandeira).
E1: Fui-me embora de Pasárgada...
(Lá tem amigos do rei **DEMAIS**) (charge de Negreiros, publicada no jornal *O Estado de S. Paulo*, de 10 maio de 1991, em que aparece a ministra Zélia Cardoso de Mello, com uma trouxa no ombro, em atitude de retirada).

b) *détournement* de textos ou títulos de textos literários – comum não só na publicidade e na propaganda, mas também em outros textos literários. Um dos exemplos mais frequentemente citados é o da "Canção do exílio", de Gonçalves Dias, que tem servido de intertexto a uma série de outros textos (de Casimiro de Abreu, Murilo Mendes, Oswald de Andrade, Mário Quintana, Dalton Trevisan, Jô Soares, Cacaso, Paulo Mendes Campos, José Paulo Paes, além do Hino Nacional Brasileiro e da Canção do Expedicionário), ora em termos de captação, ora de subversão. Outro texto que tem sido frequentemente objeto de *détournement* é "Vou-me embora pra Pasárgada", de Manuel Bandeira, para citar apenas alguns, já que o campo é extremamente vasto.

Aliás, cabe aqui questionar se, quando se tem um novo texto, com *détournement* já no título, trata-se de intertextualidade implícita (solução que prefiro, já que não há menção explícita da fonte do intertexto) ou de intertextualidade explícita, garantida pelo título.

c) *détournements* de provérbios, frases feitas, clichês, slogans, passagens bíblicas etc. em enunciados do tipo concessivo (operações de contrajunção), por meio de adjunções, como no exemplo "Devagar se vai ao longe, mas leva muito tempo", anteriormente mencionado, extraído do texto "Mínimas", de Luis Fernando Verissimo, ao lado de outros que apresento a seguir:

(16) Os últimos serão os primeiros, mas só em caso de retirada.
(17) A mentira tem pernas curtas, mas, ultimamente, as costas quentes.
(18) É mais fácil um camelo passar pelo olho de uma agulha do que um rico entrar no reino do céu sem subornar o porteiro.

Tais *détournements*, quando militantes, têm sempre valor persuasivo, cabendo notar, porém, que, com base no mesmo intertexto, é possível muitas vezes argumentar em sentidos opostos, independentemente do fato de tratar-se de captação ou subversão. É claro que, sendo o mesmo texto-fonte inserido em dois contextos diferentes, um em que há captação, outro em que ocorre a subversão, a orientação argumentativa será diferente. Contudo, ela poderá ser também diferente em se tratando de dois casos de subversão. Tudo vai depender, evidentemente, do contexto mais amplo em que o texto que sofreu o *détournement* se encontra inserido, tanto do cotexto quanto do entorno visual (ilustrações, gráficos etc.), ou, ainda, do contexto situacional imediato ou mediato.

Convém lembrar, contudo, que existem também casos de intertextualidade implícita sem *détournement*, isto é, em que o intertexto não apresenta modificações na forma, apenas passando a fazer parte de um novo contexto, isto é, "recontando-se", para permitir a construção de novos sentidos, como diria Rubem Alves, cujo texto – "A aldeia que nunca mais foi a mesma" –, publicado na coluna "Ciência e Sociedade", da *Folha de S.Paulo* (19 abr. 1984), aqui reproduzo em parte, destacando os casos de intertextualidade:

> (...) Não, não é à toa que conto esta estória. Foi quando eu soube da morte – ela cresceu dentro de mim. Claro que eu já suspeitava: os cavalos de guerra odeiam crianças, e o bronze das armas odeia canções, especialmente *quando falam de flores*, e não se ouve o rufar lúgubre dos tambores da morte. Foi naquele dia, fim de abril, o mês do céu azul e do vento manso. Eu sabia da morte, mas havia em mim um riso teimoso, desafio, como se algo tivesse nascido, mais forte que o carrasco, esperança, visão de coisas que eu não sabia vivas. Foi então que me lembrei da estória. Não, foi ela que se lembrou de mim, e veio, para dar nome aos meus sentimentos, e se contou de novo. Só que agora os rostos anônimos viraram rostos que eu vira, *caminhando, cantando, seguindo a canção*, risos que corriam *para ver a banda passar cantando coisas de amor,* os rojões, as buzinas, sinfonia que se tocava, sobre a desculpa de um morto... (...)

POLIFONIA X INTERTEXTUALIDADE

O conceito de polifonia é mais amplo que o de intertextualidade. Enquanto nesta, como ficou demonstrado acima, faz-se necessária a presença de um intertexto, cuja fonte é explicitamente mencionada ou não (intertextualidade explícita x intertextualidade implícita, respectivamente), o conceito de polifonia, tal como elaborado por Ducrot (1980, 1984), exige apenas que se representem, encenem (no sentido teatral), em dado texto, perspectivas ou pontos de vista de enunciadores diferentes – daí a metáfora do "coro de vozes", ligada, de certa forma, ao sentido primeiro que o termo tem na música, de onde se origina.

Há casos de polifonia em que tais perspectivas são explicitamente apresentadas, isto é, nos quais, em um mesmo enunciado, há mais de um locutor, e que correspondem ao que venho denominando intertextualidade explícita. Por outro lado, tem-se aqueles casos em que, no mesmo enunciado, "encenam-se" no interior do discurso do locutor perspectivas ou pontos de vista representados por enunciadores – reais ou virtuais – diferentes, isto é, em que estes não precisam servir-se, necessariamente, de textos efetivamente existentes.

Assim, quando se incorporam textos anteriormente atestados, como é comum na paródia, na alusão, em certos casos de ironia etc., tem-se a intertextualidade implícita; quando tal não acontece, já não se trata de intertextualidade (que, como vimos, exige a presença de um intertexto), mas apenas de polifonia.

São estas as razões que me têm levado a considerar a noção de polifonia como mais ampla que a de intertextualidade, englobando-a como uma das mais importantes de suas manifestações. E tanto um como outro desses fenômenos são atestações cabais da (inevitável) presença do outro nos jogos de linguagem.

OS GÊNEROS DO DISCURSO

INTRODUÇÃO

O interesse pela teoria dos gêneros e suas aplicações tem assumido grande relevância em várias áreas que se dedicam ao estudo da interação humana. Bathia (1997), mencionando Candlin (1993), o qual, ao se perguntar sobre a razão do grande interesse que a questão vem despertando, afirma que, "claramente, trata-se de um conceito que encontrou seu momento oportuno". Ele aponta alguns atrativos óbvios nos diferentes modos como o termo tem sido utilizado na literatura recente:

> A própria natureza da estruturação genérica é multidisciplinar. A teoria dos gêneros leva o analista da descrição para a explanação da língua, tentando frequentemente responder a questão: Por que os membros de comunidades discursivas específicas usam a língua da maneira como fazem? A resposta não leva em consideração somente fatores socioculturais, mas também fatores cognitivos, tentando, dessa forma, esclarecer não apenas os propósitos comunicativos da comunidade discursiva em questão, mas também as estratégias cognitivas empregadas por seus membros para atingir esses propósitos. Esse aspecto tático da construção do gênero, sua interpretação e uso, provavelmente é um dos fatores mais significativos a concorrer para sua popularidade atual no campo dos estudos do discurso e da comunicação. Uma das desvantagens de tal popularidade é que quanto mais popular um conceito se torna, mais variações de interpretação, orientação e estruturação são encontradas na literatura existente. (...) (p. 629).

O que está fora de dúvida é que, nas variadas situações de interação verbal, a competência sociocomunicativa dos interlocutores permite-lhes discernir o que é adequado ou inadequado no interior das práticas sociais em que se acham engajados. Tal competência possibilita-lhes optar entre os diversos gêneros: uma anedota, um poema, um enigma, um requerimento, uma procuração, uma conversa telefônica etc. Há o conhecimento, pelo menos intuitivo, de estratégias de construção e interpretação de textos próprios de cada gênero. Assim, o contato permanente com os gêneros com que se defrontam na vida cotidiana, entre os quais se incluem anúncios, avisos de toda ordem, artigos e reportagens de jornais, catálogos, receitas médicas, bulas, petições, prospectos, guias turísticos, manuais de instruções etc., leva os usuários a desenvolver uma competência metagenérica, que lhes possibilita interagir de forma conveniente em cada uma dessas práticas.

CONCEITUAÇÃO

A pesquisa atual sobre gêneros toma como ponto de partida os estudos de Mikhail Bakhtin, que, em sua obra *Estética da criação verbal*, assim os conceitua:

> Todas as esferas da atividade humana, por mais variadas que sejam, estão relacionadas com a utilização da língua. Não é de surpreender que o caráter e os modos dessa utilização sejam tão variados como as próprias esferas da atividade humana [...]. O enunciado reflete as condições específicas e as finalidades de cada uma dessas esferas, não só por seu conteúdo temático e por seu estilo verbal, ou seja, pela seleção operada nos recursos da língua – recursos lexicais, fraseológicos e gramaticais –, mas também, e sobretudo, por sua construção composicional. Assim sendo, todos os nossos enunciados se baseiam em formas-padrão e relativamente estáveis de estruturação de um todo (1953, p. 179).

São tais formas-padrão que constituem os gêneros, as "sequências relativamente estáveis de enunciados", marcadas sóciohistoricamente, visto que estão diretamente relacionadas às diferentes situações da vida social. É cada uma dessas situações, portanto, que determina a existência de um ou mais gêneros, com características temáticas, composicionais e estilísticas próprias.

Sendo as esferas de utilização da língua extremamente heterogêneas, também os gêneros apresentam grande heterogeneidade, compreendendo desde o diálogo cotidiano à tese científica. Por esta razão, Bakhtin distingue os gêneros primários dos secundários. Enquanto os primeiros (diálogo, carta, situações de interação face a face) são constituídos em situações de comunicação ligadas a esferas sociais cotidianas de relação humana, os segundos são relacionados a outras esferas, públicas e mais complexas, de interação social, muitas vezes mediadas pela escrita e apresentando uma forma composicional monologizada, de forma a absorver e transmutar os gêneros primários.

É importante assinalar, contudo, que a concepção de gênero de Bakhtin não é estática, como poderia parecer à primeira vista. Pelo contrário, como qualquer outro produto social, ele reconhece que os gêneros estão sujeitos a mudanças, decorrentes não só das transformações sociais, como devidas ao surgimento de novos procedimentos de organização e acabamento da arquitetura verbal, em função de novas práticas sociais que os determinam (ver, por exemplo, os gêneros da mídia eletrônica).

Cabe, também, ressaltar que a noção de gênero – que não se confunde com a de tipo de texto (narrativo, descritivo, expositivo, injuntivo, argumentativo) – não constitui uma noção meramente textual, isto é, ligada a estruturação, conteúdo e estilo das diversas classes de textos, como se poderia depreender de uma leitura superficial de Bakhtin. A nosso ver, poder-se-ia proceder a uma aproximação com outras duas noções, embora, evidentemente, cada uma delas tenha identidade própria, no interior das teorias em que foram propostas: a de modelos cognitivos textuais (Van Dijk, 1994, 1997) e a de tipos de atividade (Levinson, 1979).

Os *modelos cognitivos de contexto* contêm os parâmetros relevantes da interação comunicativa e do contexto social. São esses modelos que definem a relevância de cada discurso nos vários contextos e, portanto, também a atenção que lhe deve ser dada e o modo como a informação deve ser processada. Além disso, particularmente na fala, esses modelos de contexto são dinâmicos, permanentemente atualizados com informação e *feedback* novos.

Os modelos de contexto são utilizados para monitorar eventos comunicativos. Trata-se de modelos sociocognitivamente construídos, a partir da vivência em sociedade, que representam os conhecimentos, propósitos, objetivos, perspectivas, expectativas, opiniões e outras crenças dos interlocutores sobre a interação em curso e sobre o texto que está sendo lido ou escrito, bem como sobre propriedades do contexto, tais como tempo, lugar, circunstâncias, condições, objetos e outros fatores situacionais que possam ser relevantes para a realização adequada do discurso (Van Dijk, 1994, p. 6). São estes modelos que encerram todo o conhecimento sociointeracional mobilizado nos diversos contextos interacionais, incluindo, portanto, o conhecimento relativo aos diversos gêneros textuais e sua adequação aos múltiplos tipos de situações sociais. Eles são "a contínua e quotidiana 'aplicação' à situação comunicativa em curso de uma teoria totalmente rudimentar e ingênua da comunicação e da interação" (Van Dijk, 1944, p. 11), tendo um papel crucial na produção e compreensão dos textos.

Levinson (1979) parte da noção de jogos de linguagem de Wittgenstein para conceituar o que denomina *tipos de atividade*, afirmando que as intuições que subjazem à ênfase dada pelo filósofo na inserção da linguagem no interior das atividades humanas não foram devidamente consideradas em nenhuma das modernas teorias preocupadas em explicar como a linguagem é usada e compreendida. Segundo Levinson (1979), a noção de tipos de atividade refere-se a qualquer atividade culturalmente reconhecida, constituindo, assim,

> uma categoria de limites imprecisos (*fuzzy*), cujos membros focais são finalisticamente definidos, socialmente constituídos e delimitados, eventos que estabelecem condições quanto a participantes, entorno etc., mas, acima de tudo, quanto aos tipos de contribuições permitidas (p. 368).

Discute, ainda, em que medida a linguagem verbal é parte integrante de cada atividade, remetendo-se à *etnografia da fala*, tal como concebida originalmente por Hymes (1962), que avocou para si a tarefa de descrever os diferentes usos aos quais a fala é destinada em diferentes atividades, em diferentes culturas.

Postula Levinson que os eventos no interior dos quais a atividade verbal está situada possuem uma estrutura e conduzem-se em conformidade com um estilo. Recorde-se a forma composicional e o estilo, em Bakhtin. Quanto à estrutura do evento, há, segundo ele, condições sobre os participantes e os papéis que podem assumir, sobre o tempo e o lugar em que dada atividade pode adequadamente ter lugar, além de outras mais abstratas que têm a ver com a coesão tópica e a adequação funcional das contribuições dos participantes. Todos esses elementos estruturais são racional e funcionalmente adaptados à finalidade (*goal*) da atividade em questão. E o autor se pergunta: *de que maneiras as propriedades estruturais de uma atividade condicionam as contribuições verbais (e especialmente as suas funções)?*

De qualquer forma, os gêneros devem ser vistos como arcabouços cognitivo-discursivos ou enquadres enunciativos determinados pelas necessidades temáticas das diversas práticas sociais, pelo conjunto dos participantes de tais práticas, de suas relações sociais e de seus propósitos enunciativos, as quais se distinguem, conforme Bakhtin, além da forma composicional, pelo tipo de conteúdo temático e pelo estilo que lhes é próprio.

A ESCOLA DE GENEBRA E O ENSINO/APRENDIZAGEM DOS GÊNEROS

Os pesquisadores da Faculdade de Psicologia e Ciências da Educação da Universidade de Genebra, entre os quais se podem destacar Schneuwly, Bronckart, Dolz e Pasquier, têm dado atenção especial à questão dos gêneros e de seu importante papel na didática de línguas.

Schneuwly (1994) aponta que, na concepção de gênero, estão contemplados os elementos centrais caracterizadores de toda atividade humana: o sujeito, a ação e o instrumento. Segundo ele, o gênero pode ser considerado uma ferramenta, na medida em que os sujeitos – enunciadores – agem discursivamente numa situação definida – a ação – por uma série de parâmetros, com a ajuda de um instrumento semiótico – o gênero. A escolha do gênero se dá em função dos parâmetros da situação que guiam a ação e estabelecem a relação meio-fim, que é a estrutura básica de uma atividade mediada.

O autor desenvolve a metáfora do gênero como "megainstrumento", constituído de vários subsistemas semióticos, para agir em situações de linguagem. A construção de esquemas de utilização dos gêneros levaria à possibilidade de adaptá-los a cada situação particular, ao mesmo tempo que prefiguraria as ações linguísticas possíveis. Entende o domínio (maestria) do gênero como o próprio domínio da situação comunicativa, domínio este que pode ser desenvolvido por meio do ensino/aprendizagem das aptidões exigidas para a produção de um gênero determinado. O ensino dos gêneros seria, pois, uma forma concreta de possibilitar o poder de atuação aos educadores e, por decorrência, aos seus educandos. Isto porque a maestria textual requer – muito mais que os outros tipos de maestria – a intervenção ativa de formadores e o desenvolvimento de uma didática específica.

Segundo Bronckart (1994), uma ação de linguagem exige do agente produtor uma série de decisões, que ele necessita ter competência para executar. Tais decisões referem-se, em primeiro lugar, à escolha do gênero mais adequado, além de outras relativas à constituição dos mundos discursivos, à organização sequencial ou linear do conteúdo temático, à seleção de mecanismos de textualização e de mecanismos enunciativos. O agente produtor escolhe no intertexto o gênero que lhe parece adequado. O intertexto é constituído pelo conjunto de gêneros de texto elaborados por gerações anteriores e que podem ser utilizados numa situação específica, com eventuais transformações. Esses gêneros, formados por conjuntos bem definidos de textos, a par de outros mais "nebulosos", constituem uma espécie de "reservatório de modelos textuais", portadores de valores de uso determinados em uma certa formação social. A escolha do gênero é, pois, uma decisão estratégica, que envolve uma confrontação entre os valores atribuídos pelo agente produtor aos parâmetros da situação (mundos físico e sócio-subjetivo) e os usos atribuídos aos gêneros do intertexto. A escolha do gênero deverá, como foi dito, levar em conta os objetivos visados, o lugar social e papéis dos participantes, bem como a própria prática social na qual se encontram inseridos. Além disso, o agente deverá adaptar o modelo do gênero a seus valores particulares, adotando um estilo próprio, ou mesmo contribuindo para a constante transformação dos modelos.

Schneuwly & Dolz (s/d) desenvolvem a ideia de que o gênero é utilizado como meio de articulação entre as práticas sociais e os objetos escolares, particularmente no que diz respeito ao ensino da produção e compreensão de textos, escritos ou orais. Definindo-se atividade como um sistema de ações, uma ação de linguagem consiste em produzir, compreender, interpretar e/ou memorizar um conjunto organizado de enunciados orais ou escritos, isto é, um texto. A par disso, toda ação linguageira implica diferentes capacidades da parte do sujeito: de adaptar-se às características do contexto e do referente (capacidades de ação), de mobilizar modelos discursivos (capacidades discursivas) e de dominar as operações psicolinguísticas e as unidades linguísticas (capacidades linguístico-discursivas).

O problema, portanto, é saber como se articulam as diversas práticas de linguagem com a atividade do aprendiz. Schneuwly & Doiz hipotetizam que é através dos gêneros – vistos como formas relativamente estáveis tomadas pelos enunciados em situações habituais, entidades culturais intermediárias que permitem estabilizar os elementos formais e rituais das práticas de linguagem – que essas práticas se "encarnam" nas atividades de aprendizagem, justamente em virtude de seu caráter intermediário e integrador. Por isso, eles são um termo de referência intermediário para a aprendizagem, uma "megaferramenta" que fornece um suporte para a atividade nas situações de comunicação e uma referência para os aprendizes.

Como dissemos inicialmente, os indivíduos desenvolvem uma competência metagenérica na medida em que se envolvem nas diversas práticas sociais.

A princípio, dominarão aqueles gêneros constituídos em situações de comunicação ligadas a esferas sociais cotidianas de interação social (diálogo, telefonema, bilhete, carta, conversação face a face etc.). Já a aquisição dos gêneros secundários, por serem relacionados a outras esferas, públicas e mais complexas, de interação social, muitas vezes mediadas pela escrita e apresentando formas com posicionais mais complexas, depende, normalmente, de uma instrução formal.

O contato com a multiplicidade de gêneros existentes em cada cultura e o seu paulatino domínio não só habilitam os sujeitos sociais a interagir de forma adequada nas diversas situações interativas em que se encontram engajados, como ainda a perceber a manipulação, quando, por exemplo, um gênero é mobilizado no lugar ou no interior de outro, com o fim de produzir determinados efeitos; isto é, o jogo que frequentemente se faz convocando manobras discursivas que pressupõem esse domínio, por exemplo, em textos humorísticos e/ou persuasivos, configurando uma metacompetência ou competência intergenérica.

O estudo dos gêneros constitui hoje uma das preocupações centrais da Linguística Textual, particularmente no que diz respeito às práticas sociais que os determinam, à sua localização no *continuum* fala/escrita, às opções estilísticas que lhes são próprias e à sua construção composicional, em termos macro e microestruturais.

Os Parâmetros Curriculares Nacionais de Língua Portuguesa (PCNs) endossam essa tendência, preconizando que, nas aulas de língua portuguesa, o ensino de leitura/produção de textos se desenvolva com base na noção de gênero, ou seja, que o professor trabalhe com a maior variedade possível de gêneros, em particular aqueles a que os educandos se encontram expostos no seu dia a dia e os que eles necessitam dominar para ampliar a sua competência de atuação social.

CONCLUSÃO:
O FUTURO DA LINGUÍSTICA TEXTUAL

Reflitamos, agora, sobre a questão: qual será o futuro dos estudos sobre o texto? Ou, colocando a questão de forma mais pessimista: a Linguística Textual tem algum futuro?

Verificamos que, desde seu aparecimento até hoje, a Linguística Textual percorreu um longo caminho e vem ampliando e modificando a cada passo seu espectro de preocupações. De uma disciplina de inclinação primeiramente gramatical (análise transfrástica, gramáticas textuais), depois pragmático-discursiva, ela transformou-se em disciplina com forte tendência sociocognitivista e interacional: as principais questões que ela se coloca, neste início de milênio, são as relacionadas com o processamento sociocognitivo-interativo de textos escritos e falados.

Um primeiro problema que, então, se coloca é quanto à forma como ela se posicionará diante de novas perspectivas, e, em especial, com relação a novos meios de representação do conhecimento, como já vem acontecendo, por exemplo, com relação ao hipertexto, suporte linguístico-semiótico hoje intensamente utilizado para estabelecer interações virtuais desterritorializadas, caracterizado fundamentalmente pela ausência de linearidade, traço inerente aos textos tradicionais. Que consequências terá isto para a delimitação de seu domínio? Que novos procedimentos metodológicos deverá ela desenvolver?

Com relação ao futuro da disciplina, seria interessante mencionar aqui duas obras que, no final do século passado, apontaram aberturas que considero de grande relevância:

1ª A obra de Robert de Beaugrande *Novos fundamentos para uma ciência do texto e do discurso: cognição, comunicação e liberdade de acesso ao conhecimento e à sociedade*, publicada em 1997, em que o autor, além de fazer uma excelente retrospectiva da Linguística Textual desde suas origens até os nossos dias, aponta as suas perspectivas e tarefas futuras. Afirmando que, "hoje, a linguística de texto é provavelmente melhor definida como o subdomínio linguístico de uma ciência transdisciplinar do texto e do discurso", o autor passa a definir o texto como "*um evento comunicativo no qual convergem ações linguísticas, cognitivas e sociais*" e postula como *motto* da Linguística Textual de nossos dias: "Um texto não existe como texto, a menos que alguém o processe como tal". Desta forma, os princípios de textualização deixam de ser vistos como critérios ou padrões que um texto deve satisfazer, mas como um conjunto de condições que orienta cognitivamente a produção de um evento interacionalmente comunicativo. Isto é, os sete "padrões de textualidade" propostos em Beaugrande & Dressler (1981) já não são vistos como critérios que permitem identificar as fronteiras entre textos e "não textos", mas, sim, como um conjunto de condições para uma ação linguística, cognitiva e social, ou seja, condições que conduzem sociocognitivamente à produção de eventos interativamente comunicativos.

Segundo Beaugrande (1997, pp. 144-5), uma Linguística Textual como ciência do discurso e do texto deveria montar seus modelos com base em uma agenda mínima, que consiste em: a) definição dos objetivos (por exemplo, "liberdade de acesso ao conhecimento e à sociedade através do discurso"); b) definição dos termos-chave e dos conceitos numa terminologia sistemática, com um uso consistente (termos vistos como centros de controle para a ativação global de conhecimentos sociais, discursivos e cognitivos); c) acesso às atividades implicadas pela construção do modelo como ações cognitivas, discursivas e sociais (ações de identificação, conexão, experienciação, temporalização, espacialização, observação, mensuração, predição etc.).

2ª O trabalho de Gerd Antos, "Texte als Konstitutionsformen von Wissen", também publicado em 1997, in Antos & Tietz (orgs.), *Die Zukunft der Textlinguistik*, no qual o autor defende a posição de que textos são, linguística, conceitual e perceptualmente, *formas de cognição social* e que seu papel, no contexto da evolução do conhecimento, é o de constituir em ponto de partida e de chegada para a ancoragem da Linguística de Texto no quadro de uma teoria da evolução cultural. Em sua argumentação, parte das seguintes premissas:

- A moderna evolução do conhecimento, com sua multiplicidade cultural, histórica e funcional, seria impossível sem a existência de textos, formas linguísticas da constituição e organização do conhecimento complexo. Muitas vezes, é comum esquecermos que todo conhecimento coletivamente válido é sempre um conhecimento linguisticamente constituído e, só desta forma, sociocognitivamente existente, como também o fato de que as formas de constituição textual necessitam elas mesmas desenvolver-se no curso da evolução da sociedade; ou seja, o que se pode (ou se permite) representar, por quais meios, gêneros, variedades ou estilos, de que maneira (entorno temporal ou espacial, modo etc.) está na dependência de tradições históricas e socioculturais.

- Os textos não são apenas meios de representação e armazenamento (arquivos) de conhecimento – portanto, não são apenas "realizações" linguísticas de conceitos, estruturas e processos cognitivos –, mas, sim, formas básicas de constituição individual e social do conhecimento; ou seja, textos são linguística, conceitual e perceptualmente formas de cognição social. Incluem-se aí todos os modos de uso comunicativo de formas coletivas do conhecimento, que necessitam ser considerados formas de distribuição comunicativa desse conhecimento: somente assim, nas sociedades modernas, o conhecimento coletivo complexo pode reivindicar validade e relevância social. Isto é, os textos são, por um lado, formas de elaboração, diferenciação e estruturação de conhecimento e, por outro, formas de controle, crítica e transformação, bem como de constituição e apresentação ("retoricamente" orientada) do conhecimento, visando ao que, em termos bakhtinianos, se denominaria uma comunicação responsiva ativa. Todo o conhecimento declarativo de nossa sociedade é (com exclusão daquele que se traduz em números ou fórmulas) primariamente linguístico, ou melhor, conhecimento textualmente fundado.

- Partindo-se dos pressupostos de uma visão processual e dinâmica do conceito de texto, os textos, pelo fato de só poderem estruturar o conhecimento de forma seletiva, são, por um lado, apenas "estações intermediárias" para a criação de outros textos; e, por outro lado, pontos de partida para a assimilação textualmente baseada do conhecimento ("texto na memória"). E por isso que, com plena consciência, Antos prefere falar de textos, no plural, ressaltando que esse plural deve sinalizar que cada texto individual, apesar de – ou justamente em razão de – sua força constitutiva do conhecimento, depende da ativação de outros domínios cognitivo-discursivos (preconcebidos, ativação de pressuposições, inferências, saber intertextual etc.).

A partir de tais premissas, Antos apresenta doze teses, dentre as quais se poderiam destacar as seguintes:

- Os textos constituem formas de organização do conhecimento complexo pelo fato de fornecerem formatos para a arquitetura linguística (verbal) do conhecimento sociocognitivo relevante. A arquitetura formal dos textos constitui a organização linguística, conceitual e perceptual do conhecimento. É por esta razão que os textos, à luz de uma perspectiva constitutiva do conhecimento – ainda que em sentido fraco –, podem ser concebidos como teorias sobre aspectos do mundo. Compreendidos como formas de cognição social, os textos estruturam universos de conhecimento social relevante: por isso é que se pode dizer, de uma perspectiva socioconstrutivista, que textos são modelos sobre mundos, isto é, sobre complexos de estados de coisas estruturados e selecionados sob dada perspectiva. Em outras palavras, é por meio de textos que tais mundos são criados (ou, a cada nova recepção e reprodução, re-criados).
- Determinados aspectos da realidade social são criados por meio da representação dessa realidade e só assim ganham validade e relevância social. Os textos não só tornam visível o conhecimento, mas sobretudo tornam-no sociocognitivamente existente. Para tanto, a seletividade no processamento textual desempenha papel relevante: escolha do gênero, do tema, do médium, da perspectiva, da focalização ou da organização figura/fundo, balanceamento entre dito e não dito (ou seja, a relação entre pressupostos, explícitos e inferíveis), a escolha da modalidade (verdade, verossimilhança, ficcionalidade), bem como o emprego de recursos estilísticos etc. Todos estes aspectos inter-relacionam-se com a arquitetônica textual.

- Os textos são condição de possibilidade de se tomar o conhecimento explícito, de segmentá-lo, diferenciá-lo, pormenorizá-lo, de inseri-lo em novos contextos, permitir sua reativação, de testá-lo, avaliá-lo, corrigi-lo, reestruturá-lo, tirar novas conclusões a partir daquilo que já é compartilhado e de representar linguisticamente, de forma nova, novas relações situacionais e sociais.

Antos ressalta três aspectos decisivos da concepção por ele proposta:

1) Textos como modelos de mundos dão origem, por definição, como "modelos de algo", a concatenações (*Zusammenhänge*) de sentidos coerentes.
2) Como modelos, eles incorporam "conhecimento sobre algo", caso contrário, permaneceriam proposicionalmente vazios.
3) Como modelos, os textos devem ser, via de regra, formulados linguísticamente, para poderem preencher pressupostos cognitivos e comunicativos.

O autor conclui que, tomando por base o conceito de texto assim estabelecido, possível pleitear uma Linguística de Texto fundamentada numa Teoria da Evolução Cultural, cujo objeto será explicitar a evolução cultural da geração (e re-geração), organização e transmissão de formas de cognição social e de formas de uso social do conhecimento (inclusive formas de distribuição sociocomunicativa). Ou seja, cabe a ela por tarefa explicitar todo e qualquer aspecto da evolução (hoje universal) do conhecimento que diga respeito a modelos e formas linguísticas conceituais e perceptuais do conhecimento, bem como aos modos de seu emprego comunicativo.

Os textos, conforme foi dito, por serem formas de cognição social, permitem ao homem organizar cognitivamente o mundo. E é em razão dessa capacidade que são também excelentes meios de intercomunicação, bem como de produção, preservação e transmissão do saber. Determinados aspectos de nossa realidade social só são criados por meio da representação dessa realidade e só assim adquirem validade e relevância social, de tal modo que os textos não apenas tornam o conhecimento visível, mas, na realidade, sociocognitivamente existente. A revolução e evolução do conhecimento necessitam e exigem, permanentemente, formas de representação notoriamente novas e eficientes.

Assim, a Linguística Textual, ao adotar uma concepção de texto interativa, de base sociocognitiva, parece ter-se tornado um entroncamento, para o qual convergem muitos caminhos, mas que é também o ponto de partida de muitos deles, em diversas direções. Esta metáfora da Linguística de Texto como estação de partida e de passagem de muitos – inclusive novos – desenvolvimentos abre perspectivas extremamente otimistas quanto a seu futuro, como parte integrante não só da Ciência da Linguagem, mas das demais ciências que têm como sujeito central o ser humano.

Assim sendo, a Ciência ou Linguística do Texto vem sentindo a necessidade de intensificar cada vez mais o diálogo que já há muito vem travando com as demais Ciências – e não só as humanas! –, transformando-se numa "ciência integrativa" (Antos & Tietz, 1997). É o caso, por exemplo, do diálogo com a Filosofia da Linguagem, a Psicologia Cognitiva e Social, a Sociologia Interpretativa, a Antropologia, a Teoria da Comunicação, a Literatura, a Etnometodologia, a Etnografia da Fala e, mais recentemente, com a Neurologia, a Neuropsicologia, as Ciências da Cognição, a Ciência da Computação e, por fim, com a Teoria da Evolução Cultural.

Desta forma, a Linguística Textual vem se tornando, cada vez mais, um domínio multi- e transdisciplinar, em que se busca compreender e explicar essa entidade multifacetada que é o texto – fruto de um processo extremamente complexo de interação social e de construção social de sujeitos, conhecimento e linguagem.

BIBLIOGRAFIA

ADAM, J. M. *Élements de linguistique textuelle*. Liège: Mardaga, 1990.

_____. *Les textes: types et prototypes*. Lausanne: Nathan,1993.

ANTOS, Gerd. "Texte als Konstitutiosformen von Wissen Thesen zu einer evolutionstheoretischen Begründung der Textlinguistik". In: ANTOS, G.; TIETZ, H. (orgs.). *Die Zukunft der Textlinguistik. Traditionen, Transformationen, Trends*. Tübingen: Niemeyer, 1997.

APOTHÉLOZ, Denis. "Nominalisations, réferents clandestins et anaphores atypiques". In: BERRENDONNER, A.; REICHLER-BÉGUELIN (eds.). *Du sintagme nominal aux objets-de-discours*. Neuchâtel: Université de Neuchâtel, 1995, pp. 143-73.

_____ & REICHLER-BÉGUELIN, M. J. "Construction de la référence et strategies de designation". In: BERRENDONNER, A. e REICHLER-BÉGUELIN, M. J. (eds.). *Du sintagme nominal aux objets-de-discours*. Neuchâtel: Université de Neuchâtel, 1995, pp. 227-71.

_____. "Interpretations and functions of demonstrative NPs in indirect anaphore". *Journal of Pragmatics*, 31, pp. 363-97.

_____ & CHANET, Catherine. "Mini et démonstratif dans les nominalisations". In: DE MULDER, Walter & VETTERS, Carl (eds.). *Relations anaphoriques et (in)cohérence*. Amsterdam: Rodopi, 1997, pp. 159-86.

AUTHIER, Jacqueline. "Paroles tenues à distance". In: *Materialités discursives*. Presses Universitaires de Lille, 1981.

AUTHIER-RÉVUZ, J. "Hétérogénéité montrée et hétérogénéité constitutive: élements pour une approche de l'autre dans le discours". *DRLAV*, 26, Paris, 1982, pp. 91-151.

BAKHTIN, Mikhail. *Estética da criação verbal*. São Paulo: Martins Fontes, [1953] 1992.

BARSALOU, L. "Ad-hoc cathegories". *Memory and Cognition*, 11, 1983, pp. 211-27.

BARTLETT, F. C. *Remembering. A Study in Experimental Psychology*. Cambridge: Cambridge University Press, 1932.

BASTOS, Lúcia K. X. *Coesão e coerência em narrativas escolares escritas*. Campinas: Editora da Unicamp, 1985.

BATHIA, Vijay K. "Genre Analysis Today". *Revue Belge de Philologie et d'Histoire*, Bruxelles, 1997, vol. 75, pp. 629-52.

BEAUGRANDE, Robert de. *Text, Discourse, and Process*. London: Longman, 1980.

_____. *New Foundations for a Science of Text and Discourse: Cognition, Communication, and Freedom of Access to Knowledge and Society*. Norwood, New Jersey: Alex, 1997.

_____ & DRESSLER, W. U. *Einfhrung in die Textlinguistik*. Tübingen: Niemeyer, 1981.

BELLERT, Irina. "On a Condition of the Coherence of Texts". Semiótica, 2, 1970, pp. 335-63.

BERRENDONNER, Alain. "Notes sur la contre-inférence". *Cahiers de Linguistique Française*, 7, 1986, pp. 259-72.

_____. *Éléments de pragmatique linguistique*. Paris: Minuit, 1981.

_____ & REICHLER-BÉGUELIN, M. J. (eds.). *Du sintagme nominal aux objets-de-discours*. Neuchâtel: Université de Neuchâtel, 1995, pp. 143-73.

BLIKSTEIN, Isidoro. *Kaspar Hauser ou A fabricação da realidade*. São Paulo: Cultrix, 1985.

BORILLO, A. "Discours ou metadiscours?". *DRLAV*, 32, 1985, pp. XXX.

BOSCH, Peter. *Agreement and Anaphora: a Study of the Role of Pronouns in Syntax and Discourse*. London: Academic Press, 1983.

BRASIL. *Parâmetros Curriculares Nacionais – Primeiro e segundo ciclos do Ensino Fundamental*. Brasília: MEC/SEF, 1997.

_____. *Parâmetros Curriculares Nacionais. Terceiro e quarto ciclos do Ensino Fundamental*. Brasília: MEC/SEF, 1998.

BRINKER, Klaus. "Zum Textbegriff in der heutigen Linguistik". In: SIITA, H. & BRINKER. K. (eds.). *Studien zur Texttheory und zur deutschen Grammatik*. Düsseldorf, 1973, pp. 9-41.

BRONCKART, Jean-Paul. "Action, langage et discours". *Bulletin Suisse de Linguistique Appliquée*, 1994, pp. 7-64.

BROWN, G. & YULE, G. *Discourse Analysis*. Cambridge: Cambridge University Press, 1983.

CALLOU, Dinah (org.). *A linguagem falada culta na cidade do Rio de Janeiro*. Rio de Janeiro: Editora da UFRJ, 1991.

CASTILHO, Ataliba T. & PRETI, D. (orgs.). *Projeto Nurc: a linguagem culta falada na cidade de São Paulo*. São Paulo: T. A. Queiroz, v. I e II, 1987.

CAVALCANTE, Mônica M. *Expressões indiciais em contextos de uso: por uma caracterização dos dêiticos discursivos*. Recife, 205 pp. Tese de doutorado. Universidade Federal de Pernambuco (UFPE), 2000.

_____. "Demonstrativos – uma condição de saliência". Trabalho apresentado por ocasião do II Congresso Internacional da Abralin – Fortaleza, 2001.

CHAROLLES, Michel. "Anaphore associative, stéréotype et discours". In: SCHNEDECKER. C.; CHAROLLES, M.; KLEIBER, G.; DAVID, J. *L'Anaphore associative*. Paris: Kliencksieck, 1994, pp. 67-92.

_____. "Introduction aux problèmes de la cohérence des textes". *Langue Française*, 38, 1978, pp. 7-41.

_____. "Données empiriques et modelisation en grammaire de texte. Réflexions à partir du problème de la cohérence discursive". *Langue et Discours*, 34, 1979, pp. 75-97.

_____. "Associative Anaphora and its Interpretation". *Journal of Pragmatics*, v. 31, n. 3, 1999, pp. 307-10.

_____. "Coherence as a Principle of Interpretability of Discourse". *Text*, 3 (1), 1983, pp. 71-98.

_____; PETÖFI, J. & SÖZER, E. (eds.). *Text and Discourse Connectedness*. Hamburg: Bruske, 1989.

CHRISTOFE, Lilian. *Intertextualidade e plágio: questões de linguagem e autoria*. Tese de doutorado, IEL/Unicamp, 1996.

CLARK, Herbert. "Bridging". In: WASON, P. & JOHNSON-LAIRD, P. (eds.). *Thinking. Readings in Cognitive Sciences*. Cambridge: Cambridge University Press, 1977, pp. 417-20.

_____. *Arenas of Language Use*. Chicago: Chicago University Press, 1992.

CONTE, Elisabeth. "Anaphoric Encapsulation". *Belgian Journal of Linguistics: Coherence and Anaphora*, 1996, v. 10, pp. 1-10.

_____. *La linguistica testuale*. Milano: Feltrinelli Economica, 1977.

_____; PETÖFI, J. & SÖZER, E. (eds.). *Text and Discourse Connectedness*. Hamburg: A Survey, 1989.

CORNISH, Francis. "Anaphoric Pronouns: Under Linguistic Control or Signalling Particular Discourse Representations?". *Journal of Semantics*, 5, 1987, pp. 233-60.

_____. *Anaphora, Discourse, and Understanding*. New York: Oxford University Press, 1999.

COSERIU, Eugenio. *Princípios de semântica estrutural*. Madrid: Gredos, 1977.

_____. *Textlinguistik: Eine Einführung*. Tübingen: Narr, 1980.

DANĚS, F. *Papers on Functional Sentence Perspective*. Praga: The Hague, 1974.

DASCAL, Marcelo. "Models of Interpretation". In: STAMENOV, M. (ed.). *Current Advances in Semantic Theory*. Amsterdam: John Benjamins, 1992, pp. 109-27.

_____. Pragmática. In: DASCAL, M. (org.). Fundamentos da linguística contemporânea. Campinas: Edição do Autor, 1982, v. IV.

_____ & WEIZMAN, E. "Contextual Exploitation of Interpretation Clues in Text Understanding: an Integrated Model". In: VERSCHUEREN & BERTUCELLI-PAPI, M (eds.). *The Pragmatic Perspective – Selected Papers from the 1985 International Pragmatic Conference*. Amsterdam: J. Benjamins, 1987, pp. 31-46.

_____ & KATRIEL, T. "Digressions: a Study in Conversational Coherence". In: PETÖFI, J. (ed.). *Text vs. Sentence*, 1979, v. 26, pp. 76-95.

DRESSLER, Wolfgang U. *Einführung in die Textlinguistik*. Tübingen: Niemeyer, 1972.

_____."Towards a Semantic Deep Structure of Discourse Grammar". *CLS*, 6, 1970, pp. 202-9

_____. *Introduzzione alla linguistica del testo*. Roma: Officina Edizioni,1974.

DUCROT, Oswald. *Les mots du discours*. Paris: Minuit, 1980.

_____. *Dizer e não dizer. Princípios de semântica linguística*. São Paulo: Cultrix, 1977

_____. *La preuve et le dire*. Mame: Repères, 1973.

_____. "L'argumentation dans la langue". *Langages*, 42, 1976, pp. 5-27

_____. "Analyses pragmatiques". *Communications*, 32, 1980, pp. 11-60

_____. *Le dire et le dit*. Paris: Minuit, 1984.

FÁVERO, Leonor L. *Coesão e coerência textuais*. São Paulo: Ática, 1991.

_____ & KOCH, Ingedore G. V. *Linguística textual: introdução*. São Paulo: Cortez, 1983.

FILLMORE, Charles J. "The Case for Case". In: BACH, E. & HARMS, R. T. (eds.). *Universals in Linguistic Theory*. New York: Rinehart & Winston, 1968, pp. 1-88.

_____ "Pragmatics and the Description of Discourse". In: COLE, P. (ed.). *Radical Pragmatics*. New York: Academic Press, 1981, pp. 143-66.

FRANCHI, Carlos. "Linguagem – Atividade constitutiva" *Almanaque*, 5. São Paulo: Brasiliense, 1977, pp. 9-26.

FRANCIS, Gill. "Labelling Discourse: an Aspect of Nominal-Group Lexical Cohesion". In: COULTHARD, Malcolm (ed.). *Advances in Written Text Analysis*. London: Routledge, 1994

FRANÇOIS, J. & LEONARD, M. "Le demonstratif dans les textes et dans la langue". *Langue Française*, v. 120, pp. 5-20.

FRASSON, Regina M. D. *A intertextualidade como recurso de argumentação*. Dissertação de Mestrado, UFSM, 1991.

FRIES, P. H. "On Theme, Rheme, and Discourse Goals". In: COULTHARD, M. *Advances in Written Text Analisys*. London: Routledge, 1994.

GARNHAM, A. & OAKHILL, J. "Discourse Processing and Text Comprehension from a Mental Models Perspective". *Language and Cognitive Processes*, 7, 1990, pp. 193-204.

GARROD, S. C. "Incremental Pragmatic Interpretation versus Occasional Inferencing During Fluent Reading". In: RICKHEIT & STROHNER (eds.). Inferences in Text Processing. Amsterdam: North-Holland, 1985.

GERALDI, J. W. *Portos de passagem*. São Paulo: Martins Fontes, 1991.

GIORA, R. "Segmentation and Segment Cohesion: on the Thematic Organization of Text" *Text*, 3(2), 1983, pp. 155-81.

_____. "Notes Towards a Theory of Text Coherence". *Poetics Today*, 6(4), 1985, pp. 699-715

GIVÓN, Talmy. "Topic Continuity in Discourse: an Introduction". In: GIVÓN, T. (ed.). *Topic Continuity in Discourse: a Quantitative Cross-Language Study*. Amsterdam: Benjamins, 1983, pp. 1-42.

_____. "Footing". *Semiótica*, 25, 1979, pp. 1-29.

GOUTSOS, D. "A Model of Sequential Relations in Expository Text". *Text*, 16(4), 1996, pp. 501-3.

GREIMAS, Algirdas J. *Sémantique structurale*. Paris: Larousse, 1966.

GRÉSILLON, A. & MAINGUENEAU, D "Polyphonie, proverbe et detournement" *Languages*, 73, 1984, pp. 112-25

GRICE, H. P. "Logic and Conversation". In: COLE, P. & MORGAN, J. L. (orgs.). *Syntax and Semantics 3: Speech Acts*. New York, Academic Press, 1975.

GRIZE, Jean-Blaise. *De la logique à l'argumentation*. Genebra: Droz, 1982.

GROSZ, Barbara J. "Focusing and Description in Natural Language Dialogues". In: JOSHI, WEBBER & SAG (eds.). *Elements of Discourse Understanding*. Cambridge: Cambridge University Press, 1981.

GUIMARÃES, Eduardo R. J. "Estratégia de relação e estruturação do texto". In: *Sobre a estruturação do discurso*. Campinas: IEL/Unicamp, 1981, pp. 91-114.

GÜLICH, Elisabeth & KOTSCHI, J. "Reformulierungshandlungen ais Mittel der Textkonstituition". In: MOTSCH, W. (ed.). *Satz, Text, Sprachliche Handlung*. Berlin: Akademie Verlag, 1987, pp. 199-261.

_____. *Makrosyntax der Gliederungssignale im gesprochenen Französisch*. München: Fink, 1970.

_____ & W. RAIBLE. *Linguistische Textmodelle*. München: Fink, 1977.

HALLIDAY, M. A. K. & HASAN, R. *Cohesion in Spoken and Written English*. London: Longman, 1976.

HARTMANN, P. "Text als linguistisches Objekt". In: STEMPEL, W. (ed.). *Beiträge zur Textlinguistik*. München: Fink, 1971, pp. 2-29.

HARWEG, Roland. *Pronomina und Textkonstitution*. München: Fink, 1968.

HEINEMANN, Wolfgang. *Textlinguistik heute. Entwicklung, Probleme, Aufgaben*. WissenschaftlicheZeitschrift der Karl-Marx Universität. Leipzig, 1982.

_____ & VIEHWEGER, D. *Textlinguistik: eine Einführung*. Tübingen, Niemeyer, 1991.

HILGERT, José G. (org.). *A linguagem falada culta na cidade de Porto Alegre*. Passo Fundo: EDIUPF/Porto Alegre: UFRGS, 1997.

_____. "As paráfrases na construção do texto falado: o caso das paráfrases em relação paradigmática com suas matrizes". In: KOCH, I. G. V. (org.). *Gramática do Português Falado*. Campinas: Unicamp/Fapesp, 1997, v. VII, pp. 131-48.

_____. "O parafraseamento na construção do texto falado" (mimeo.), 2003.

HYMES, Dell. "Introduction: Towards Ethnographics of Communication". In: GUMPERZ, J. J. & HYMES, D. (eds.). *The Ethnography of Communication; Americam Anthropologist*, 66 (6, parte 2), 1964, pp. 1-34.

ILARI, Rodolfo. "Anáfora e correferência: por que as duas noções não se identificam?". *Cadernos de Estudos Linguísticos*, 41, Campinas, 2001, pp. 91-109.

ISENBERG, Horst. "Der Begriff 'Text' in der Sprachtheorie". *ASG-Bericht*, n. 8, Berlin, 1968.

_____. "Überlegungen zur Textheeorie". In: IHWE, J. (ed.). *Literaturwissenschaft und Linguistik* I. Frankfurt: Athenäum, 1971, pp. 155-72.

_____. "Einige Grundbegriffe für eine linguistische Texttheorie". In: DANÈS, F. & VIEHWEGER, D. (eds.). *Probleme der Textgrammatik*. Berlin: Akademie Verlag, 1976, pp. 47-146.

JOHNSON-LAIRD, P. N. *Mental Models*. Cambridge: Cambridge University Press, 1983.

_____. Mental Models in Cognitive Sciences. *Cognitive Sciences*, 4, 1980, pp. 72-115.

JUBRAN, Clélia C. S.; URBANO, H.; KOCH, I. G. V. et al. "Organização tópica da conversação". In: ILARI, R. (org.). *Gramática do Português Falado*. Campinas: Unicamp/Fapesp, 1992, v. II, pp. 359-439.

JUBRAN, Clélia C. S. "Inserção: um fenômeno de descontinuidade na organização tópica". In: CASTILHO, A. T. (org.). *Gramática do Português Falado*. Campinas: Unicamp/Fapesp, 1993, v. III, pp. 61-74.

_____."Parentetização" (mimeo.), 2003.

KALLMEYER, Werner & MEYER-HERMANN. R. "Textlinguistik". In ALTHAUS, H. P.; HENNE, H.; WIEGAND, H. E. (eds.). *Lexicon der Germanistischen Linguistik*. Tübingen: Niemeyer, 1980, pp. 242-58.

KINTSCH, Walter & Van DIJK, T. "Comment on rappelle et on resume des histoires". *Langage*, 40: 298-116, 1975.

_____. "Toward a Model of Text Comprehension and Production". *Psychological Review*, 85: 369-394, 1978.

KLEIBER, G. *L'anaphore associative*. Paris: PUF, 2001.

_____. *La sémantique du prototype: catégories et sens lexical*. Paris: Presses Universitaires de France, 1990.

_____. "Les démonstratifs (de)montrent-ils? Sur le sens référentiel des adjectifs et pronoms démonstratffs". *Le Français Moderne*, 1983, v. 51-2, pp. 99-117.

_____. "Sur la sémantique des descriptions demonstratives". *Linguisticae Investiga tiones*, 1984, vol. VIII/1, pp. 63-85.

_____. *Adjectif démonstratif et article défini en anaphorefidèle*. Actes du Colloque *"Déterminants: sintaxe et sémantique"*. Metz, dez. 1986.

_____. "Quand le contexte va tout va et ... inversement". In GUIMIER, C. (ed.). *Cotexte et calcul du sens*. Cahen: Presses Universitaires de Caen, pp. 11-29.

_____; SCHNEDECKER, C. & UJMA, L. "L'anaphore associative: D'une conception à l'autre". In: SCHNEDECKER, C.; CHAROLLES, M.; KLEIBER, G. & DAVID, J. *L'anaphore associative*. Paris: Klienksieck, 1994, pp. 5-64.

KOCH, I. G. V. *A coesão textual*. São Paulo: Contexto, 1989.

_____. *A inter-ação pela linguagem*. São Paulo: Contexto, 1992.

_____. *O texto e a construção dos sentidos*. São Paulo: Contexto, 1997a.

_____. "A referenciação textual como estratégia cognitivo-interacional". In: BARROS, K. S. M. (org.). *Produção textual: interação, processamento, variação*. Natal: EDUFURN, 1999, pp. 69-80.

_____. "Expressões referenciais definidas e sua função textual". In DUARTE, Lélia Parreira (org.). *Para sempre em mim: homenagem a Ângela Vaz Leão*. Belo Horizonte: CESPUC, 1999, pp. 138-50.

_____. "Referenciação: construção discursiva". Ensaio apresentado por ocasião do concurso para titular em Análise do Discurso do IEL/Unicamp, dez. 1999.

_____. *Desvendando os segredos do texto*. São Paulo: Cortez, 2002.

_____. "Intertextualidade e polifonia: um só fenômeno?" *DELTA*, 7 (2): 529-41, São Paulo: Educ, 1991.

_____. "Dificuldades na leitura/produção de textos: os conectores interfrásticos". In: KIRST, M. & CLEMENTE, E. (orgs.). *Linguística aplicada ao ensino de português*. Porto Alegre: Mercado Aberto, 1987, pp. 83-98.

_____. *Argumentação e linguagem*. São Paulo: Cortez, 1984.

_____. "O texto e a (inevitável) presença do outro". *LETRAS*, n. 14: Alteridade e homogeneidade. Universidade Federal de Santa Maria (RS), jan./jun. 1997b, pp. 107-24.

_____. "Funções discursivas da repetição". In *Anais do I Seminário Interamericano de Analistas do Discurso*. Caracas, 1995, pp. 170-6.

_____. "Cognição e processamento textual". Revista da ANPOLL, 2: 1996, 35-44.

_____. "A intertextualidade como critério de textualidade". In: FÁVERO, L. L. & PACHOAL, M. S. Z. (orgs.). *Linguística textual e leitura*. São Paulo: Educ, 1985, pp. 39-46 (Série Cadernos PUC, n. 22).

_____. "O funcionamento polifônico da argumentação". *Investigações*, v. 4. Recife: Universidade de Pernambuco, 1994, pp. 31-6.

_____ & MARCUSCHI, L. A. "Processos de referenciação na produção discursiva". *DELTA*, 14: 169-90 (número especial), 1998.

_____ & TRAVAGLIA, Luiz C. *A coerência textual*. São Paulo: Contexto, 1990.

_____. *Texto e coerência*. São Paulo: Cortez, 1989.

_____ et al. "Aspectos do processamento do fluxo de informação no discurso oral dialogado". In: CASTILHO, A. T. (org.). *Gramática do Português Falado*. Campinas: Edunicamp/Fapesp, 1990, v. I, pp. 143-84.

_____ & SILVA, Maria Cecília P. de Souza. "Atividades de composição do texto falado: a elocução formal". In CASTILHO, A. T. & BASÍLIO, M. (orgs.). *Gramática do Português Falado*. Campinas: Unicamp/Fapesp, 1996, v. IV, pp. 379-410.

__ & LIMA, Maria Luiza C. "Socio-cognitivismo". In: MUSSALIN, F. & BENTES. A. C. *Introdução à linguística: fundamentos epistemológicos, filosóficos e modelos de análise* São Paulo: Cortez, 2004.

KOCH, Walter & OESTERREICHER, W. *Gesprochene Sprache in der Romania: Französisch. Italienisch, Spanisch.* Tübingen: Niemeyer, 1990.

LANG, Edward. "Über einige Schwierigkeiten beim postulieren einer Textgrammatik". In CONTE, E. *La linguistica testuale.* Milano: Feltrinelli Economica, 1971.

LEVINSON, Steven C. *Pragmatics.* Cambridge: Cambridge University Press, 1983
_____. "Activity Types and Language". *Linguistics,* 17, 1979, pp. 365-99.

MAINGUENEAU, Dominique. *Éléments de linguistique pour le texte littéraire.* Trad. bras *Elementos de linguística para o texto literário.* São Paulo: Martins Fontes, 1996.

MALINOWSKI, Bronislaw. "The Problem of Meaning in Primitive Languages". In: OGDEN. E. K. & RICHARDS, I. A. (eds.). *The Meaning of Meaning.* London: Routledge, 1923

MARCUSCHI, Luiz A. *Linguística de texto: o que é e como se faz.* Recife: Universidade Federal de Pernambuco. Série Debates 1, 1983.
_____. *Da fala para a escrita.* São Paulo: Cortez, 2000.
_____. "A repetição na língua falada como estratégia de formulação textual". In: KOCH. I. G. V. (org.). *Gramática do Português Falado.* Campinas: Edunicamp/Fapesp. 1997 v. IV, pp. 95-130
_____. "Referência e cognição: o caso da anáfora sem antecedente" Trabalho apresentado no Encontro de Linguística, Juiz de Fora, UFJF, dez. 1998.
_____. "Linearização, cognição e referência: o desafio do intertexto". Comunicação apresentada no IV Colóquio da Associação Latino-Americana de Analistas do Discurso Santiago, Chile, abr. 1999
_____. "Aspectos linguísticos, sociais e cognitivos na produção de sentido". Texto apresentado por ocasião do GELNE, 2-4 set. 1998 (mimeo.).
_____. "Contextualização e explicitude na relação entre fala e escrita" (mimeo). 1997
_____. "Estratégias de identificação referencial na fala" (mimeo.). 1994
_____. "O barco textual e suas âncoras" (mimeo.), 2000.
_____. & KOCH, I. G. V. "Estratégias de referenciação e progressão referencial na língua falada". In: ABAURRE, M. B. (org.) *Gramática do Português Falado.* Campinas Edunicamp/Fapesp,1998, v. VIII.

MINSKY, M. "A Framework for Representing Knowledge". In: WINSTON, P. (ed.). *The Psychology of Computer Vision.* Chicago: McGraw-Hill, 1975.

MONDADA, Lorenza. *Verbalisation de l'espace et fabrication du savoir: approche linguistique de la construction des objets du discours.* Lausanne: Université de Lausanne, 1994.
_____. & DUBOIS, D. "Construction des objets du discours et categorisation: une approche des processus de referenciation". In: BERRENDONNER, A. & REICHLER BÉGUELIN. *Du sintagme nominal aux objets-de-discours.* Neuchâtel. Universite de Neuchâtel 1995, pp. 273-305

MORATO, Edwiges M. "(In)determinação e subjetividade na linguagem dos afásicos: a inclinação antirreferencialista dos processos enunciativos". *Cadernos de Estudos Linguísticos* 41: Questões de Referenciação. Campinas: IEL/Unicamp, 2001, pp. 55-74.

MOTSCH, Wolfgang. "Sprache als Handlungsinstrument". In *Neue Aspekte der Grammatikforschung.* Parte 2, Berlin, 1975, pp. 1-64.
_____. "Sprachlich-kommunicative Handlungen". *Deutsche Sprache,* 1983, pp. 489-512
_____. "Anforderungen an eine handlungsorientierte Textanalyse". *Zeitscchrift für Germanistik* 1986, pp. 261-82.
_____. & PASCH, R. "Illokutive Handlungen". In: MOTSCH, W. (org.). *Satz. Text Sprachliche Handlung.* Berlin: Akademie Verlag, 1987.

MÜSSELER, Jochen & RICKHEIT, Gert. "Inferenz-und Referenzprozessen bei der

Textverarbeitung". In: FELIX, KANNGIESER, S. W., RICKHEIT, G. (eds.). Sprache und Wissen. Studien zur kognitiven Linguistik. Opladen: Westdeutscher Verlag, 1990, pp. 71-98.

NYSTRAND, M. "The Role of Context in Written Communication". In: HOROWITZ, R & SAMUELS, S. J. Comprehending Oral and Written Language. San Diego: Academic Press, 1987, pp. 197-214.

_____ & WIEMELT, J. "When is a Text Explicit? Formalist and Dialogical Conceptions' Text, 11, 1991, pp. 25-41.

NEUBAUER, F. (ed.). Coherence in Natural Language Texts. Hamburgo: Buske, 1983.

NUSSBAUMER, M. Was Texte sind und wie sie sein sollen. Tubingen: Niemeyer, 1991.

OAKHILL, J. & GARNHAM, A. "Linguistic Prescriptions and Anaphoric Reality". Text 12(2), 1992, pp. 161-82.

OGDEN, C. K. & RICHARDS, I. A. The Meaning of Meaning. London: Routledge, 1923

PERFETTI, Charles A. "Text and Hypertext". In: ROUET et al. (eds.). Hipertext and Cognition Mahwah, N. J.: Lawrence Eribaum, 1996, pp. 157-61.

PEIRCE, C. S. Collected Papers. Cambridge: Cambridge University Press, 1965, v. II.

PETÖFI, Janos. "Zu einer Grammatischen Theorie spralischer Texte". LiLi, ano 2, fasc. 5. 1973, pp. 31-58.

_____. "Towards an Empirically Motivated Grammatical Theory of Verbal Texts". In: PETÖFI, J. & RIESER, E. (orgs.). Probleme der Modelltheoretischen Interpretation von Texten. Hamburgo: Buske, 1973.

PRETI, Dino & URBANO, H. (orgs.). A linguagem falada culta na cidade de São Paulo. São Paulo: T. A. Queiroz, 1988, v. III.

PRINCE, Ellen F. "Toward a Taxonomy of Given-New Information". In: COLE, P. (ed.) Radical Pragmatics. New York: Academic Press, 1981.

REY-DEBOVE, Josette. Le métalangage. Paris: Ed. Le Robert, 1978.

RIESER, E. "Probleme der Textlinguistik". Folia Linguística, 1973, v. VI, pp. 28-46.

_____. "On the Development of Text Grammar". In: DRESSLER, W. U. (ed.). Textlinguistik Darmstadt, 1978, pp. 6-20.

RISSO, Mercedes S. A propriedade autorreflexiva do metadiscurso (mimeo), 1998.

ROJO, Roxane. "Interação em sala de aula e gêneros escolares do discurso: um enfoque enunciativo" (mimeo.), 1999.

ROSCH, Eleanor. "Principles of Categorization". In: ROSCH, E. & LLYODD, B. (eds.) Cognition and Categorization. New York: Wiley, 1978, pp. 27-48.

ROTH, E. M. & SHOBEN, E. J. "The Effect of Context on the Structure of Categories" Cognitive Psychology. 15, 1983, pp. 346-78.

ROUET, Jean-François; LEVONEN, Jarmo L.; DILLON, Andrew et al. (eds.). Hypertext and Cognition. Mahwah, NJ: Lawrence Erlbaum, 1996.

RUMELHART, D. E. "Schemata: the Building Blocks of Cognition". In: SPIRO, R. J. et al (orgs.). Theoretical Issues in Reading Comprehension. New Jersey: Erlbaum, 1980.

_____ & Mc CLELLAND, J. Parallel Distributed Processing: Exploration in the Macrostrucutre of Cognition. Cambridge: MIT Press, 1986.

SÁ, Maria Piedade M. et al. (orgs.). A linguagem falada culta na cidade de Recife. Recife Editora da UFPE, 1996.

SACKS, Harvey. "On the Analizability of Stories by Children". In: GUMPERZ, J. & HYMES. D. (eds.). Directions in Sociolinguistics: the Ethnographie of Communication. New York: Rinehart & Winston, 1972, pp. 324-45.

SANFORD, A. J. & GARROD, S. C. "The Role of Background Knowledge in Psychological Accounts of Text Comprehension". In: ALWOOD & HJELMQUIST (eds.). Foregrounding Background. Lund: Doxa, 1985.

SANTOS, Leonor Werneck. Articulação textual na literatura infantojuvenil. Rio de Janeiro Lucerna, 2003.

SAUSSURE, Ferdinand de. Cours de Linguistique Generale. Paris: Payot, 1916

SCHANK, R. C. "Inference in the Conceptual Dependency Paradigm: a Personal History". In: SIMON & SCHOLES (eds.). *Language, Mind, and the Brain*. Hillsdale, NJ: Erlbaum, 1982.

_____ & ABELSON, R. P. *Scripts, Plans, Goals, and Understanding: an Inquiry into Human Knowledge Structures*. Hillsdale, NJ: Erlbaum, 1977.

SCHMIDT, Siegfried J. *Texttheeorie*. *Probleme einer Linguistik der sprachlichen Kommunication*. München: Fink, 1973.

SCHNEUWLY, Bernard. "Genres et types de discours: considerations psychologiques et ontogenetiques". In: REUTER, Y. (ed.). *Actes du Colloque de l'Université Charles de Gaulle III, Les Interacions Lecture-écriture*. Neuchâtel: Peter Lang, 1994.

_____ & DOLZ, J. "Os gêneros escolares: das práticas de leitura aos objetos de ensino". Universidade de Genebra. Trad. Roxane Roxo (mimeo.), s/d.

SCHUTZ, Adolph. Reflections on the Problem of Relevance. New Haven: Yale University Press, 1970.

SCHWARZ, Monika. *Einführung in die kognitive Linguistik*. Tübingen: Gunther Narr, 1992.

_____. *Indirekte Anaphern in Texten*. Tübingen: Niemeyer, 2000.

SILVA, Maria Cecília P. de S. & KOCH, Ingedore V. "Estratégias de desaceleração do texto falado". In: KATO, M. (org.). *Gramática do Português Falado*. Campinas: Unitamp/ Fapesp, 1996, v. V, pp. 327-38.

SNYDER, Ilana. *Hypertext*. The Electronic Labyrinth. Washington: New York University Press, 1997.

SÖZER, E. (ed.) *Text Connexity. Text Coherence. Aspects, Methods, Results*. Hamburgo: Buske, 1985.

SPERBER, Dan & WILSON, Deidre. *Relevance. Communication and Cognition*. Oxford: Blackwell, 1986.

STEMPEL, Wolf Dieter (ed.). *Beiträge zur Textlinguistik*. München: Fink, 1971.

STIRLING, Lesley. "Metonimy and Anaphora". *Belgian Journal of Linguistics*, 10, J. Benjamins, 1996, pp. 69-87.

SWALES, J. M. *Genre Analysis*. Cambridge: Cambridge University Press, 1990.

TAYLOR, S. E. "The Categorization Approach to Stereotyping". In: HAMILTON, D. L. (ed.). *Cognitive Processes in Stereotyping and Intergroup Behavior*. Hillsdale, NJ: Erlbaum, 1981, pp. 83-114.

VAN DIJK, T. A. *Some Aspects of Textgrammars*. The Hagu: Mouton, 1972.

_____. *Text and Context*. London: Longman, 1977.

_____. *Tekstwetenschap. Een interdisciplinaire inleiding*. Utrecht: Antuerpen, 1978.

_____. "Recalling and Summarizing Complex Discourse". In: BURGHARDT, W. & K. HÖLKER, K. (eds.). *Text Processing*. Berlin: De Gruyter, 1979, pp. 49-118.

_____. *Macrostructures*. Hillsdale, NJ: Lawrence Erlbaum, 1980.

_____. *Studies in the Pragmatics of Discourse*. Berlin: Mouton, 1981. "Structures of News in the Press". In: Van DIJK, T. A. (ed.). *Discourse and communication*. Berlin: De Gruyter, 1985.

_____. "Cognitive Context Models and Discourse" (mimeo.), 1997.

_____. "Modelos na memória – o papel das representações da situação no processamento do discurso". In: *Cognição, discurso e interação*. São Paulo: Contexto, 1992. (Coletânea traduzidas para o português, original de 1989)

_____. "Cognitive Context Models in Discourse Processing" (mimeo.), [1994], 1995.

_____. "Cognitive Context Models and Discourse". In: OOSTEDORP, H. van & GOLDMAN, S. (eds.). *The Construction of Mental Models During Reading*. Hillsdale, NJ: Erlbaum, 1997. (Coletânea em 1998)

_____ & KINTSCH, W. *Strategies of Discourse Comprehension*. New York: Academic Press, 1983.

VARELLA, F.; THOMPSON, E.; ROSCH, E. *The Embodied Mind. Cognitive Science and Human Experience*. Cambridge: MIT Press, 1992.

VATER, Heinz. *Determinantien*. Trier: LAUT, 1979.

_____. "Referenz und Determination im Text". In: ROSEGREN, I. *Sprache und Pragtnatik, Lunder Symposium*, 1984, pp. 323-44.

_____. *Einführung in die Referenzsemantik.* Köln: Klage, 1986.

_____. *Einführung in die Textlinguistik.* München: W. Fink, 1992.

VIEHWEGER, Dieter. "Semantische Merkmale und Textstruktur". In: DANĚS, F. & VIEHVVEGER, D. (eds.). "Probleme der Textgrammatik". *Studia Grammatica,* XI. Berlin: Akademie Verlag, 1976, pp. 195-206.

_____. "Zur semantischen Struktur des Textes". In: DANĚS, F. & VIEHWEGER, D. "Problerne der Textgrammatik II". *Studia Grammatica,* XVIII. Berlin: Akademie Verlag, 1977, pp. 103-17.

VIGNAUX, Georges. *Les sciences cognitives: une introduction.* Paris: La Decouverte, 1991.

VILELA, Mário & KOCH, Ingedore G. V. *Gramática da língua portuguesa.* Coimbra: Almedina, 2001.

VION, Robert. *La communication verbale. Analyse des interactions.* Paris: Hachette, 1992.

XAVIER, Antonio C. *O hipertexto na sociedade de informação: uma abordagem linguística.* Tese de Doutorado, IEL/Unicamp, 2002.

WEINRICH, Harald. *Tempus: besprochene und erzählte Welt.* Stuttgart: Koklhammer, 1964. (Esta obra teve uma 2ª edição modificada em 1971 e outra em 1973.)

_____. *Sprache in Texten.* Stuttgart: Klett, 1976.

_____. "Textlinguistik: Zur Syntax des Artikels in der deutschen Sprache". In *Jahrbuch der deutschen Germanistik,* H. 1, 1963, pp. 61-74.

_____. *Textgrammatik der deutschen Sprache.* Mannheim: Dudenverlag, 1993.

WEIZMANN, E. & DASCAL, M. "On Clues and Cues: Strategies of Discourse Understanding". *Journal of Literary Semantics,* XX-1, 1991, pp. 18-30.

WUNDERLICH, Dieter. "Die Rolle der Pragmatik in der Linguistik". *Der Deutschuntterricht,* 22, 1970, v. 4, pp. 15-41.

_____. *Studien zur Sprchakttheorie.* Frankfurt: Suhrkamp, 1976.

_____. "Raum, Zeit und das Lexikon". In *Sprache und Raum.* Frankfurt: Suhrkamp, 1985, pp. 66-89.

ZAMPONI, Graziela. *Processos de referenciação: anáforas indiretas e nominalizações.* Tese de Doutorado, IEL/Unicamp, 2003.

Cadastre-se no site da Contexto
e fique por dentro dos nossos lançamentos e eventos.
www.editoracontexto.com.br

Formação de Professores | Educação
História | Ciências Humanas
Língua Portuguesa | Linguística
Geografia
Comunicação
Turismo
Economia
Geral

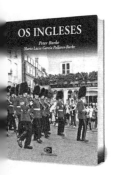

Faça parte de nossa rede.
www.editoracontexto.com.br/redes

Promovendo a Circulação do Saber

GRÁFICA PAYM
Tel. [11] 4392-3344
paym@graficapaym.com.br